KB148110

고수익을 실현하는

시황별 주식투자 방법

나케하라 케이스케 지음

**KO
FE** 코페하우스

머리말

이 책은 저자가 주식투자로 150배 이상 수익을 올린 시황별 주식투자 방법을 고스란히 담아 저술하였습니다.

저자가 일본의 주식시장 활황기 3년 반 동안에 투자금의 150배 이상으로 수익을 낼 수 있었던 것은 상승장세에 두 번이나 올라탈 수 있었기에 가능했습니다. 반대로 하락장세에서라면 투자금의 100배 이상 수익은 불가능했을 것입니다. 그러한 의미에서 주식투자는 실력뿐만 아니라 운도 조금은 필요합니다.

인간은 길들임의 생물입니다.

주식투자를 어떤 시황에서 시작하였는가에 따라 개인투자자는 투자에 관한 생각이 고정되어 버립니다. 그것을 제대로 자각하고 있지 않으면 주가의 추세가 바뀌었을 때 능숙하게 대응하지 못하고 큰 손실을 보게 됩니다.

주식투자에서 특히 상승장세 추세가 지속되는 시기에 주식투자를 시작한 개인투자자는 자신의 실력을 과대평가하지 않도록 주의해야 합니다. 최근 수년 동안은 수익률을 올리는 것이 당연한 주식시황이었기 때문입니다. 주식투자로 간단히 벌 수 있다고 자만하고 있으면 언젠가 발목을 잡힙니다.

개인 주식투자자는 일반적으로 90% 정도가 손실계좌라고 합니다. 또한 주식시장이 활황장세가 지속되는 상승 추세에서도 손실계좌는 그 비율은 70%~80% 정도라고 합니다. 하지만, 상승 추세가 끝난 후에는 개인투자자는 손실계좌가 90%로 되돌아가는 것이 일반적입니다. 즉, 주식투자에서 개인투자자는 패자가 90%, 승자가 10% 정도라고 합니다.

주식투자에서 지속적으로 이익을 내기 위해서는 시황을 정확히 파악하여 주가에 대한 투자 방법을 유연하게 변경하면서 투자해가는 것이 필요합니다. 언제나 같은 투자 방법으로 수익을 내기에는 주식투자는 만만하지 않습니다. 그리고 그 주가의 추세를 만들어 내는 장본인이 실은 외국인 투자자라는 것을 알아야 합니다.

이 책은 1장에서 시황별 투자 방법을 2장에서 상승장세에서 우량주의 투자 방법을 3장에서 보합장세에서 작전주 투자 방법을 4장에서 하락장세에서 재료주 투자 방법을 5장과 6장에서 외국인 투자자의 투자 동향과 투자기법에 관하여 설명하였습니다.

이 책의 취지는 두 가지입니다. 개인투자자에게 나의 주식투자 방법을 소개하여 주식시장의 상승과 하락 시황에서 투자에 도움을 주는 것과 외국인 투자자의 투자에 대한 사고방식이나 매매방식을 알려주어 개인투자자의 투자 방법을 향상하여 투자수익에 데 도움이 되고자 합니다.

(저자) 나카하라 케이스케

차 례

| 5장 | 외국인 투자자를 보면 추세를 알 수 있다 |

| 6장 | 외국인 투자자의 투자 종목과 매매전략 |

1장

고수익을 실현하는
시황별 투자 방법

1

고수익을 위한 시황별 투자 방법 3가지

주가에 대해서는 주가에게 물어보라는 격언이 있습니다. 주가는 살아 있는 것으로 개인투자자가 생각하는 대로는 좀처럼 움직여 주지 않습니다. 개인투자자가 생각하는 보통의 상식적으로는 생각할 수 없는 불가사의한 것으로 움직이는 것입니다.

자신의 판단에 지나치게 구애되어 또는 고집을 피워서는 큰 손실을 볼지도 모릅니다. 주가의 행방은 주가만이 알고 있습니다. 이 격언은 순순히 주가의 흐름에 따르지 않으면 안 된다는 것을 알려주고 있습니다.

저의 기본적인 주식 운용 방법은 먼저 주가에 주의를 기울이는 것으로부터 시작합니다. 그리고 주가의 흐름에 따라 투자 대상의 구성(포트폴리오)이나 투자 기간, 자금 배분 방법을 유연하게 변화시켜 갑니다. 그렇게 하는 것으로 투자위험을 줄여 저위험 고수익을 실현해 왔습니다.

고수익을 실현하기 위한 기본적인 주식 운용 방법은 다음의 3가지 방식(pattern)입니다.

① 대세 상승장세에서는 우량주를 중심으로 운용한다.
② 보합 추세에서는 작전주를 중심으로 운용한다.
③ 대세 하락 장세에서는 재료주를 중심으로 운용한다.

모든 주식시황에서 매수가 기본이지만, ③의 대세 하락장에서는 우량주의 공매를 병용하고 있습니다. 시황의 흐름에 따라 투자 대상을 변경하면서 투자하는 것이 가장 중요합니다.

2

외국인 투자자가 추세를 만든다.

주가의 추세는 어떻게 구별할까요?

차트에 의한 기술적인 추세분석은 물론, 그와 비슷한 비중으로 외국인 투자자의 매매 동향에 주목할 필요가 있습니다.

1990년의 거품경제 붕괴까지 일본의 주식시장에 있어서 외국인 투자자의 영향은 그다지 크지 않았습니다. 그러나 거품경제 붕괴 후에 금융기관이나 투자회사는 보합주식의 해소를 위한 매도와 연기금 매도를 계속함과 동시에 투자위험 회피를 위해 주식 운용을 축소하여 투자했습니다.

이에 대해 외국인은 그 보합해소매도나 연기금 매도를 조금씩이긴 하지만, 주가가 싼 지점에서 매수해 왔습니다. 그 결과 금융회사나 투자회사의 주식 보유 비율이나 매매 비중이 낮아져 상대적으로 외국인의 존재감이나 영향력이 매년 높아져 왔습니다.

2000년대부터는 외국인의 지주 비율이나 매매 비중은 더욱 높아지고 있어 일본 주식시장은 외국인 주도의 시장으로 완전히 변하고 있습니다.

실제로 2000년 이후의 일본 주식시장은, 외국인이 사면 오르고 팔면 내리는 상황이 되었습니다. 상승 추세를 만드는 것도 보합 추세를 만드는 것도 외국인 투자자의 생각대로 입니다. 게다가 외국인 투자자는 자신들이 만든 시황에 따라 충실히 매매하여 왔습니다. 외국인 투자자의 매매 동향과 같은 시황 분석이 중요한 것은 그러한 이유에서입니다.

유럽과 미주에 비해 투자의 역사도 짧고 투자 기술도 낮은 개인투자자가 외국인에게 지지 않도록 벌기 위해서는, 그들이 만들어 낸 추세에 하루라도 빨리 올라타 추세를 이용한 투자 방법을 꿰뚫는 것이 필요합니다.

이 책은 1장부터 4장까지는 기술적인 분석법에 따라 시황과 장세의 분석 방법과 매매 방법을 설명하고, 5장과 6장에서는 외국인 투자자의 매매 종목과 시점에 관해 설명하겠습니다.

3

주식시장의 추세를 확인하자.

그럼 상승장세나 보합장세, 하락장세란 어떤 주식시장의 추세를 말하는 것일까요? 다음의 2002년 6월 초부터 2006년 3월 말까지의 3년 10개월간의 일본의 닛케이 평균주가 차트를 봐주세요.

먼저 2002년 6월 초부터 2003년 5월의 첫째 주까지는 약 11개월간에 걸쳐 닛케이 평균주가는 계속하여 하락하였습니다. 이것을 대세 하락장이라고 합니다(A기간). 이 기간에 12,000엔 주가는 7,600엔까지 내려가(4,400엔의 하락) 하락률은 약 37%에 도달하였습니다. 차트상에서는 저항선[1]에 억제되는 것 같은 모습으로 하락 추세가 형성되었습니다.

다음으로 2003년 5월 첫째 주를 바닥 주가 시세로 하여 2004년 4월 넷째 주 중반까지는, 약 12개월간(1년간)에 걸쳐, 닛케이 평균주가는 계속하여 상승하였습니다. 이것을 대세 상승장세(상승 추세)라고 합니다(B기간). 이 기간에 주가는 거품경제 붕괴 후의 주가 7,600엔에서 12,100엔까지 올라(4,500엔 상승) 상승률은 약 59%가 되었습니다. 차트상에서는 지지선[2]에 지지 되면서 상승 추세가 형성되었습니다.

그 후 2004년 4월 넷째 주 중반부터 2005년 8월 제2주 중반까지는 약 15개월간에 걸쳐 상종가 12,000엔, 하종가 10,500엔의 1,500엔의 가

---

1) 주가 그래프에서 주가파동의 고점과 고점을 연결한 직선이다.
2) 주가 그래프에서 주가 파동의 저점과 저점을 연결한 직선이다.

격 폭 안에서 닛케이 평균주가는 오르락내리락을 반복하였습니다. 이 것을 보합권(보합세) 장세라 합니다(C기간). 하락률은 최대 약 13%, 상 승률은 최대 약 14%라고 하는 좁은 범위 내에서 움직였습니다. 차트상 에서는 저항선과 지지선에 둘러싸인 좁은 권역 안에서 보합 추세가 형 성되었습니다.

그리고 2005년 8월 둘째 주 중반부터 대세 상승장세가 다시 시작하 여 2006년 3월 말까지 이어지고 있습니다(D기간). 차트상에서는 지지 선에 지지가 되면서 상승 추세가 계속되고 있습니다. 이 상승 추세도 최소한 1년이 되는 2006년 8월까지 상승 추세는 1년간 계속되고 있었 습니다.

이상으로부터 저항선 위로 돌파하지 않는 한 다음의 추세는 시작하 지 않고, 지지선을 아래로 추락하지 않는 한 다음의 추세 향방은 시작 하지 않는다고 하는 것을 이해하셨을 것입니다. 저항선과 지지선은 추 세의 방향을 판단하는 중요한 도구가 됩니다.

■ 닛케이 평균주가 주봉도표 (2002.6 ~ 2006.3)

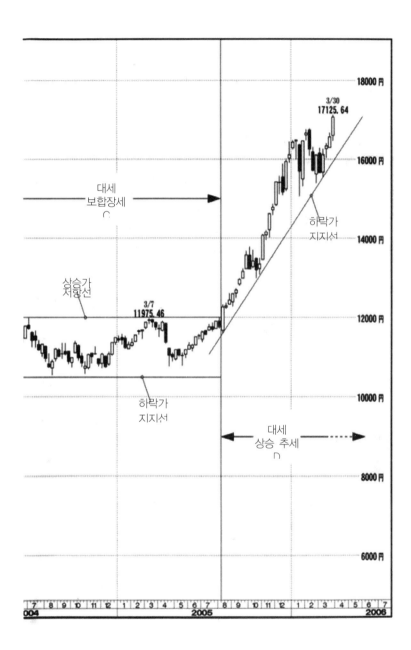

저항선과 지지선을 무시하는 것은 추세를 무시하는 것이 되고 그래서는 효율 있는 투자를 할 수 없습니다. 왜냐하면 추세마다 운용기법을 바꿔 가는 것이 높은 운용실적을 내기 때문입니다.

여기서 저항선이나 지지선은 사람에 따라 긋는 방법이 달라진다고 하는 지적이 나올지도 모릅니다만 실로 그대로입니다. 같은 주봉도표에서도 3개월간을 하나의 추세로서 하나의 선을 긋는 사람도 있으면 6개월간이나 1년간을 하나의 선으로 긋는 사람도 있을 것입니다.

그러나 장세는 대부분 1년 이상 계속된다고 하는 전제로 세운다면, 이보다 기간이 길게 선 쪽이 신뢰성이 높아집니다. 저의 경우에는 어쨌든 6개월간으로 선을 그어보고 나아가 3개월이 지난 후에(총 9개월간) 수정하여 분석하였습니다. 추세선은 어디까지나 장세의 변화를 판단을 위해서만 사용합니다.

대세 상승장세, 대세 하락 추세, 그리고 보합 추세의 각각의 특징을 확인하였다면 다음의 각각의 추세에서는 어떻게 운용하면 좋을 것인가를 설명하겠습니다.

2장

상승장세에서는
우량주를 중심으로 운용한다.

1

우량주란 무엇인가?

우량주란 주가 시세를 좌우할 정도로 영향력 있는 주식을 말합니다.

일반적으로는 수익성과 성장성이 높고 재무 내용도 좋은 주식으로 국제적으로도 잘 알려진 국제우량주를 가리키는 경우가 많은 것 같습니다. 기관투자자나 외국인 투자자가 포트폴리오의 중심으로 하는 주식으로 거래량이나 매매 금액도 항상 상위 순위에 있습니다.

그러나 그것으로는 우량주의 구분이 애매하여 어렵기 때문에 저는 닛케이 평균주가를 구성하는 225종목을 우량주라고 정의하고 있습니다. 닛케이 평균주가에 기여도가 높은 종목이나 닛케이 평균 선물에 매수가 들어와 닛케이 평균주가가 상승하면 225종목 전체에 기관투자자나 외국인 투자자의 지수연동 매수가 들어와 225종목 모두가 상승하는 요인이 되기 때문입니다.

2

대세 상승장세란 무엇인가?

앞의 닛케이 평균주가 주봉 차트를 다시 한번 봐주세요. B 기간과 C 기간에서 주가는 지지선에 가까워질 때마다 그 바닥 주가 시세에 저항하여 추세가 무너지지 않고 다시 상승하고 있습니다. 이 기간을 대세 상승장 또는 상승 추세 기간이라고 합니다.

굳이 대세란 단어를 붙이는 것은 일단 추세가 형성되면 그 추세는 투자자의 예상을 뛰어넘어 그 상승 추세의 추세 기간은 길게 계속되는 경향이 있으며, 단기적인 상승 추세와는 구별하여야 하여야 합니다.

적어도 대세 상승장세는 12개월 정도는 계속된다고 보아도 좋습니다. 상승 추세가 계속될 때는 그 기간이 2년, 3년 계속될 때도 있습니다.

3

상승 추세의 중요한 특징은?

먼저 이해하기 쉽도록 다음 쪽의 상승 추세 도표를 봐주세요. 상승 추세에서는 도표와 같이, 천장 → 바닥 → 천장 → 바닥 → 천장 → 바닥……으로, 최근의 저가선이 지켜지면서 또한 최근의 고가선을 돌파하고, 천장과 바닥이 점점 한 계단씩 높아 갑니다.

여기서 중요한 특징은 직전 천장의 하나 앞의 천장이 계속하여 새로운 바닥이 되는 한, 상승 추세는 계속된다고 하는 것입니다. 간단히 말하면 이전보다 높은 천장과 높은 바닥이 확인 가능한 한, 상승 추세는 계속된다고 하는 것이 됩니다.

대세 상승장세를 판단하는 사고방식으로 많은 개인투자자는 "최근 주가가 천장을 찍고 하락하여 직전의 바닥까지 하락 후 반등하는 주가의 추세"를 대세 상승장세로 판단하는 데 이는 잘못된 판단의 사고방식이다.

대세 상승세의 올바른 판단은 "최근 주가가 천장을 찍고 직전 천장까지 하락 후 반등하는 주가의 추세"를 말합니다. 대세 상승장세가 계속될 것인가를 판단하기 위해서는 최근 천장을 찍기 직전의 천장의 주가를 가장 주시해야 합니다. 이는 그 유명한 찰스 다우(Charles Henry Dow)가 기술한 다우이론입니다.

【그림1】 대세 상승장세의 올바른 사고방식

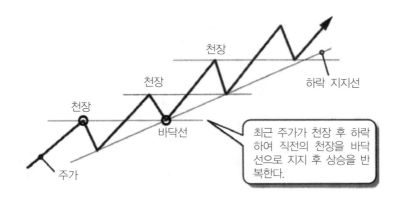

최근 주가가 천장 후 하락하여 직전의 천장을 바닥선으로 지지 후 상승을 반복한다.

【그림2】 대세 상승장세의 잘못된 사고방식

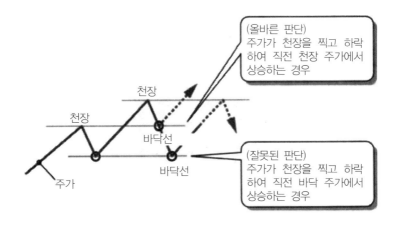

(올바른 판단)
주가가 천장을 찍고 하락하여 직전 천장 주가에서 상승하는 경우

(잘못된 판단)
주가가 천장을 찍고 하락하여 직전 바닥 주가에서 상승하는 경우

대세 상승장세를 이해하기 위해서는, 상승 추세의 기본형태가 되는 이 도표를 확실히 기억해 두십시오.

또한, 이제까지는 긴 기간을 보는 편의상 평균주가 차트를 주봉도표로 보았습니다만, 기본적으로는 일봉 도표를 보는 것이 추세가 계속되고 있는지를 보다 빨리 알 수 있습니다. 먼저, 일봉 차트로 추세분석을 기본으로 하고, 주봉 차트는 이를 보완하는 추세분석 보조자료로 사용할 것을 권장합니다.

4

상승 추세를 초기에 분석하기

　주식투자에서 많은 수익을 올리기 위해서는 가능한 한 대세 상승장세를 일찍 발견하여 우량주를 매수하는 것이 중요합니다. 그러나 이 초기단계에서 매수할 수 있는 투자자는 극히 소수입니다. 그것은 상승 추세의 초기을 분석 방법을 알기가 쉽지 않기 때문입니다.

　대세 상승장세는 주가 시세가 움직이기 시작해서 조금의 시간이 지나면 누구나 알 수 있다고 하는 주식분석가나 개인투자자들이 있지만 그것은 잘못된 분석입니다. 하지만 일반 투자자도 언제 상승 추세가 시작하는가를 빠르게 판단하는 방법이 있습니다.

　1장에서 평균주가 차트에 저항선이나 지지선을 긋고, 대세 상승장세가 오랫동안 계속되는 것, 그리고 이들의 저항선이나 지지선을 빠져나가려는 움직임이 없으면, 다음의 추세는 시작되지 않는다고 하는 것을 보았습니다. 이것을 그대로 이용하는 것이 먼저 기본입니다.

　하락 추세도 보합 추세도 오랫동안 주가의 최고점이 저항선으로 인하여 억눌려지고 있습니다. 이 저항선을 주가가 돌파하면 추세가 전환되어, 상승 추세 진입의 가능성이 있습니다.

　단, 잠시 저항선 위로 머리를 내밀었을 뿐 바로 원래대로 돌아가 종전의 하락 추세나 보합 추세가 계속되는 때도 있습니다. 이를 차트의 속임수라고 합니다.

【그림3】 상승 추세로 진입하는 차트 패턴

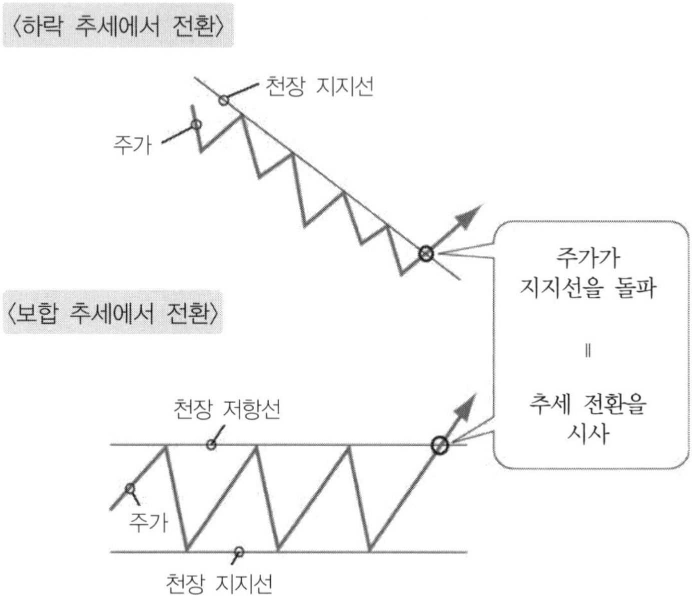

〈하락 추세에서 전환〉

천장 지지선

주가

주가가
지지선을 돌파

‖

추세 전환을
시사

〈보합 추세에서 전환〉

천장 저항선

주가

천장 지지선

　차트의 속임수에 속지 않기 위해서는 다른 하나의 판단기준으로서
앞의 다우이론은 "천장에서 하락하여 직전 천장을 새로운 바닥으로 지
지하여 반등하면 이 경우 상승 추세는 지속된다"를 인용합니다.

먼저, 하락 추세에서 전환하는 경우, (그림4)와 같이 저항선을 돌파하기 직전의 절정에서 보인 천장을 상승하는 주가가 돌파하고, 다음의 절정에서는 그것을 바닥으로 하여 더욱 상승해 간다면, 상승 추세 진입으로 판단합니다.

【그림4】 하락 추세에서 상승 추세로 전환을 확인한다.

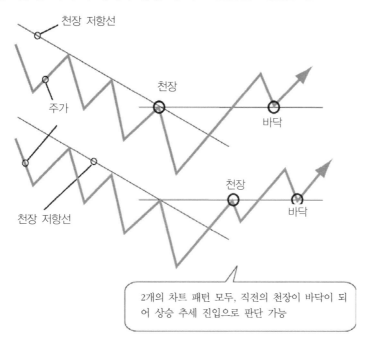

한편, 보합 추세에서 전환하는 경우는 더 간단하게 바로 구별할 수 있습니다. 보합 추세의 최고점을 억누르고 있던 저항선을 지지선으로 본다면 그것을 돌파한 후 다음의 바닥을 나타내는 바닥선이 천장선과 일치한다(그림5),

즉 이제까지의 저항선보다 떨어지지 않고 주가가 상승해 간다면, 거기서부터 상승 추세 진입으로 판단할 수 있습니다.

【그림5】 보합 추세에서 상승 추세로 전환을 확인한다.

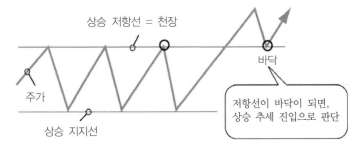

2장 상승장세에서는 우량주를 중심으로 운용한다.

5

대세 상승장세를 초기에 확인하기

2005년 8월 중반부터 시작한 상승 추세를 다음 쪽의 닛케이 평균주가 차트(일봉도표)를 보면서 검증해 보겠습니다. 닛케이 평균주가는 이제까지 약 1년 3개월에 걸친 보합 추세에서 움직이고 있으며, 12,000엔이 강력한 저항선이 되어 있습니다.

그러나 8월 10일에 드디어 12,000엔을 넘어, 종가로 12,098엔을 찍었습니다. 여기서 가장 주시해야 하는 것은 저항선을 위로 돌파한 후 그 저항선이 이번에는 바닥으로 전환되는가 어떤가를 구별하는 것입니다. 저항선을 돌파해도, 그 후에 이 저항선이 바닥이 되지 않으면 상승 추세로 전환하였다고 할 수 없습니다. 차트의 속임수가 되어 버립니다.

즉, 닛케이 평균주가는 12,000엔을 저점으로 상승하는 경우 상승 추세로 전환하였다고 할 것이고 12,000엔 밑으로 하락하는 경우는 상승 추세로 전환하지 않은 것으로 봅니다.

■ 닛케이 평균주가 일봉도표 (2002.6 ～ 2006.3)

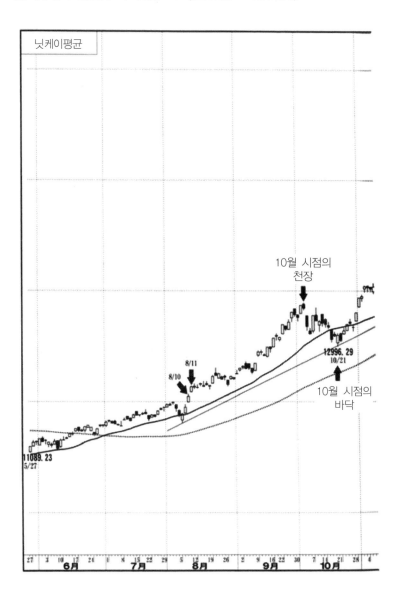

닛케이평균

10월 시점의
천장

8/11

8/10

12996. 29
10/21

10월 시점의
바닥

11089. 23
5/27

27 3 10 17 24 1 8 15 22 29 5 12 19 26 2 9 16 22 30 7 14 21 28 4
6月   7月   8月   9月   10月

2장 상승장세에서는 우량주를 중심으로 운용한다.

실제로는 12,000엔까지 하락은커녕 8월 10일의 종가에 한 번도 밑도는 일 없이 11일 이후도 상승하여 강력한 상승 추세가 시작되었습니다. 즉 8월 11일에는 이미 추세는 전환되어 있었다고 판단할 수 있습니다.

또한 추세 전환을 파악하는 데에는 차트로 판단하는 것뿐만 아니라 수급 동향을 볼 필요도 있습니다. 수급 동향에 있어서는 저는 외국인 투자자의 동향에 가장 주의하고 있습니다. 이에 대해서는 5장~6장에서 자세히 설명하겠습니다.

2장 상승장세에서는 우량주를 중심으로 운용한다.

6

상승 추세의 지속성 확인하기

상승 추세를 초기에서 판단할 수 있다면 매수에 대해서는 대성공이라고 할 수 있을 것입니다. 그러면 다음은 매도에 대해 생각하지 않으면 안 됩니다. 그러기 위해서는 상승 추세가 어디까지 계속될지를 파악하는 것이 가장 중요한 사항이 됩니다.

개인투자자의 다수는 상승 추세가 아직 계속되고 있음에도 일찌감치 이익을 확정해 버리는 경향이 있습니다. 급히 매도해 버리면 그 후도 계속되는 상승 추세를 바라만 보게 됩니다. 상승 추세를 초기에 판단하여 매수하였지만, 조금의 이익을 확정하기 위한 조급한 매도가 매우 아쉬움이 남습니다.

상승 추세가 계속되는 한은 우량주를 계속하여 가지고 있는 것이 크게 버는 비결입니다. 상승 추세의 지속을 확인하는 데에는 다음의 3가지 판단 요소가 유효합니다. 3가지의 판단 요소 중 1가지라도 맞지 않으면 상승 추세의 변화를 판단하고 2가지가 맞지 않으면 상승 추세는 끝났다고 보아야 할 것입니다.

(1) 지지선보다 떨어지지 않는다

닛케이 평균주가 차트(30~31쪽)에 그어진 지지선을 봐주세요. 주가가 이 지지선을 밑돌지 않은 한, 상승 추세는 계속되고 있다고 볼 수 있습니다.

일봉 차트뿐만 아니라, 주봉 차트(36쪽)에서도 확인해 보면 좋습니다. 일봉도표와 주봉도표의 차이는 있어도, 때때로 지지선은 같은 주가를 나타내고 있는 것을 알 수 있습니다.

지지선은 적어도 2개의 바닥을 연결한 선이므로 지지선을 그을 수 있게 될 때까지 통상은 일봉도표에서는 3개월부터 6개월 정도, 주봉도표에서는 6개월부터 9개월 정도가 걸립니다.

【그림6】 상승 추세와 지지선

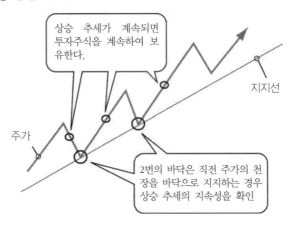

상승 추세는 그 이상의 기간 계속되는 일이 많기에 확실한 지지선을 그을 수 있을 때까지는 추세 전환을 염려하여 지속성의 확인을 조급할 필요는 없습니다.

(2) 이전의 천장이 바닥으로서 기능하고 있다

주가에 있어서 이전의 천장(레지스턴스)이 바닥(지지)으로서 기능하고 있는 한, 즉 주가가 이전의 천장을 밑돌게 되지 않는 한, 상승 추세는 계속되고 있다고 볼 수 있습니다.

닛케이 평균주가의 일봉도표(30~31쪽)에서 보면, 2006년 2월 6일에 상종가 16,777엔의 천장을 치고, 20일에 저가 15,389엔으로 바닥을 치고 있습니다. 3월말 현재는 천장이 보이지 않습니다만, 한번 천장을 친 후, 다음의 바닥이 2월 6일의 천장 16,777엔을 밑돌지 않으면 상승 추세는 계속되고 있는 것이 됩니다.

그것을 근거로 주봉도표(36쪽)를 보면, 천장도 바닥도 확실하지 않고, 알기 어려운 것으로 되어 있습니다. 요컨대 천장과 바닥을 판단하는 데에는 주봉도표는 적합하지 않다고 하는 것이 됩니다. 천장과 바닥의 판단은 일봉도표를 사용할 것을 권합니다.

■ 닛케이 평균주가 주봉도표 (2005.6 ~ 2006.3)

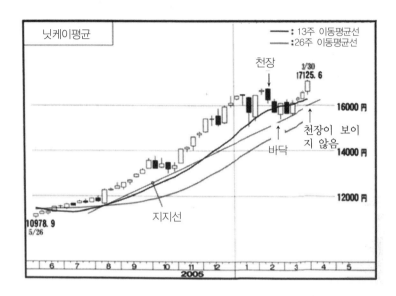

(3) 25일선, 13주 이동평균선 보다 떨어지지 않는다.

주가가 이동 평균선(25일선, 13주 이동평균선)보다 떨어지지 않는지 어떤지도, 상승 추세가 계속되는가를 판단하는 기준이 됩니다.

상승 추세가 짧아도 12개월 이상은 계속되는 사례가 많은 것을 고려 하면, 6개월 미만에서는 25일선이나 13주 이동평균선 보다 떨어져도, 그다지 걱정하지 않아도 됩니다. 예를 들면, 닛케이 평균주가 차트(일 봉도표, 30~31쪽)에서는 10월 19일부터 5영업일과 10월 28일에 25일 선을 밑돌고 있습니다만, 이들 시점에서는 상승 추세가 시작된 지 약 3개월 정도밖에 지나지 않았기 때문에 문제는 없습니다.

또한 6개월 이상 지난 후에 25일선보다 떨어졌으나 13주 이동평균선 보다는 떨어지지 않는 상황이 나오는 경우가 있습니다. 이 경우는, 앞에서 말한 (1)과 (2)의 판단 재료로 상승 추세의 지속성이 확인된다면, 그다지 신경질적이 되는 일은 없습니다. 그러나 13주 이동평균선 보다도 떨어지는 일이 있다면 경계할 필요가 있습니다.

【그림7】천장(고점)과 바닥(저점)을 사용한 상승 추세 확인

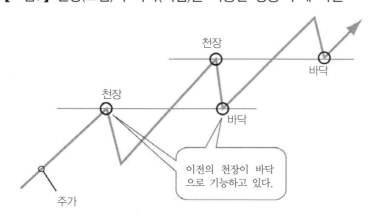

다만 예외적인 사례가 있습니다. 그것은 돌발적으로 큰 악재가 나와 시장 전체가 단기간에 급락할 때입니다. 속된 말로 도발적 충격안이라 합니다. 돌발적 충격안의 상황에서는 마진콜(margin call)의 발생 등에 의해 매수와 매도의 수급 균형이 극단적으로 무너져 논리적으로는 설명할 수 없을 정도의 폭락을 발생시킵니다. 이러한 장면에서는 이상의 3개의 판단 요소가 모두 들어맞지 않을 때가 있습니다. 그러나 쇼크 안의 경우에서는 1개월부터 2개월에 걸쳐 상승 추세로 돌아가는 경우가 많은 것 같습니다.

또한 상승 추세의 지속을 확인하기 위해서는 앞의 항목과 같이 차트뿐만 아니라 외국인 투자자의 매매 상황도 확인하여야 합니다(5~6장

참조).

【그림8】 이동평균선을 이용한 추세 확인

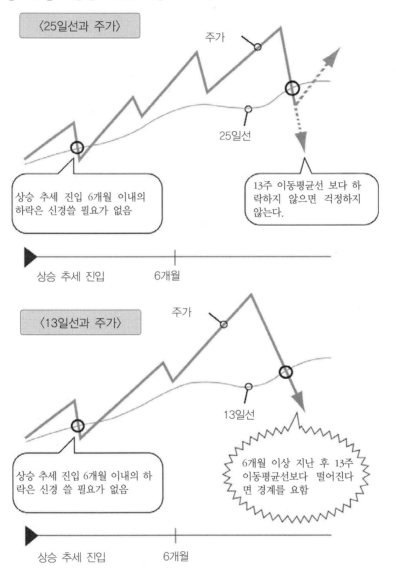

〈25일선과 주가〉

주가

25일선

상승 추세 진입 6개월 이내의 하락은 신경쓸 필요가 없음

13주 이동평균선 보다 하락하지 않으면 걱정하지 않는다.

상승 추세 진입   6개월

〈13일선과 주가〉

주가

13일선

상승 추세 진입 6개월 이내의 하락은 신경 쓸 필요가 없음

6개월 이상 지난 후 13주 이동평균선보다 떨어진다면 경계를 요함

상승 추세 진입   6개월

2장 상승장세에서는 우량주를 중심으로 운용한다.

7

왜 우량주를 중심으로 운용해야 하는가?

우량주의 상승 없이 닛케이 평균주가의 상승은 있을 수 없고 닛케이 평균주가의 상승 없이 우량주의 상승도 있을 수 없습니다. 우량주와 닛케이 평균주가는 동전의 앞뒷면과 같은 관계라고 볼 수 있습니다.

다음의 닛케이 평균주가 차트와 철강주, 첨단기술주, 은행(금융보험)주로부터 하나씩 선택한 대표적인 우량주 3종목의 차트를 봐주세요.

2003년 5월부터 2004년 4월까지의 상승 추세 기간에서 닛케이 평균주가는 7,600엔에서 12,100엔까지 상승하여 약 1.6배가 되었습니다. 이에 비해 신일본제철은 저가 127엔에서 고가 263엔까지 상승하여 약 2.1배가 되고, 히타치제작소는 저가 366엔에서 고가 850엔으로 약 2.3배, 미츠비시도쿄FG는 저가 351,000엔에서 고가 110만엔으로 약 3.1배가 되었습니다. 이와 같이 닛케이평균보다 상승률이 높은 개별종목은 적지 않습니다.

▒ 닛케이 평균주가 주봉도표 (2003.4 ～ 2004.5)

▒ 신일본제철 주봉도표 (2003.4 ～ 2004.5)

■ 히타치제작소 주봉도표 (2003.4 ～ 2004.5)

■ 미츠비시도쿄FG 주봉도표 (2003.4 ～ 2004.5)

닛케이 평균주가의 상승률에 이기지 않으면 개별 우량주를 사는 의미가 없기에(닛케이 평균주가에 연동하는 투자신탁이나 ETF를 사 두면 좋다.) 어떻게 닛케이 평균주가에 이길까 라고 하는 것이 문제가 됩니다. 그래서 저는 닛케이평균 편입 종목을 업종마다 나누어 변동률(volatility)을 조사하여 닛케이평균과 비교해 변동률이 높은 업종의 종목을 분산하여 사는 것으로 하고 있습니다.

2003년 이후 2회의 상승 추세에 있어서 닛케이평균과 비교한 각 업종의 변동률을 비교하면 【표1】 과 같이 됩니다. 특히 변동률이 높은 것은 비철금속·금속제품·상업·금융 보험의 4종류입니다. 단지 이후에도 이 경향이 계속된다는 보증은 없으므로 업종별 닛케이 평균주가의 움직임 등에 주목해 주십시오.

【표1】 닛케이평균과 각 업종의 변동률 비교

닛케이 평균주가 대비 변동률	업종
높은 업종	철강·비철금속·금속제품·기계·상업·금융 보험·부동산·정보 통신·서비스 등
낮은 업종	식품·약품·수송용 기기·정밀 기기·전기 기기·육해공군·전력 가스 등
비슷한 업종	건설·화학 등

* 2003년 5월~2004년 4월과 2005년 8월~2006년 3월의 2회의 상승 추세에 있어서 고가와 저가를 집계하여 작성한 것.

덧붙여 말하면 신일본제철이나 히타치, 미츠비시도쿄FG는 그 업종 중에서는 주가 변동이 평균적이라는 종목입니다(이 기간 히타치는 평균 이상의 움직임을 보였습니다만). 그렇다는 것은 이 기간에 그 이상이 된 종목도 많고 극단적인 예로는 당시는 재무적으로 위험하다고 말하여지고 있던 미즈호FG 등은 저가 58,300엔에서 고가 560,000엔까지 상승하여 약 9.6배로 크게 올랐습니다.

■ 미즈호FG 주봉도표 (2003.4 ~ 2004.5)

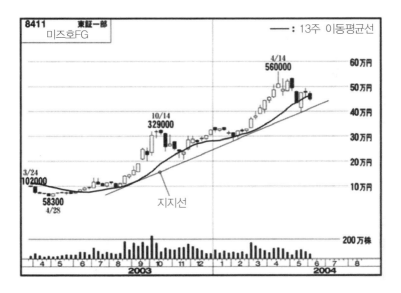

닛케이 평균주가에서 대세 상승장세가 확인되면 많은 투자자의 예상을 뛰어넘어 개별 주가도 상승하는 것이 확인되었습니다.

투자자는 상승 추세에 차분히 따르는 것으로 큰 이익을 얻을 수 있습니다. 닛케이 평균주가에 연동하는 우량주를 사 두면 승률(이익이 날 확률)은 90%를 넘을 것입니다.

검증한 데이터에 따르면 2003년 5월 제1주부터 2004년 4월 제4주까지(약 12개월간)의 상승 추세 안에서 2003년 5월 제1주의 저가와 2004년 4월 제4주의 고가를 비교하여 닛케이평균 편입 225종목 중 주가 시세가 오른 것이 219종목이고 주가 시세가 하락한 것이 1종목이었습니다(5종목은 비교 불가능). 실제로는 95.0%를 넘는 승률이 됩니다. 이것이 제가 닛케이 평균주가에 편입된 225종목이라면 우량주라고 생각하는 근거입니다.

주목해야 하는 것은 승률만이 아닙니다. 퍼포먼스도 놀랄 정도로 높습니다. 주가 변동이 적다고 하는 대형 우량주라도 상승 추세에 잘 올라타면 2배 이상이 되는 것이 이상하지 않다고 하는 것입니다(【표2】 참조). 그러므로 상승 추세에서는 구태여 주가 변동이 거친 작전주나 재료주를 살 필요는 없습니다.

승률이 높고 또한 안정된 높은 수익률이 예상되는 우량주를 분산하여 사는 쪽이 낮은 투자위험으로 큰 수익을 노릴 수 있습니다. 더욱이 상승 추세에서는 매매에 실패해도 바로 만회 가능하다고 하는 이점도 있습니다.

저가에서 사서 고가에서 파는 것은 불가능합니다만, 상승 추세를 가능한 한 오래 타는 것으로, 100% 상승이 된 종목은 50% 정도의 수익률을, 200% 상승이 된 종목은 100% 상승 정도의 수익률을 올리는 것은 쉽게 가능할 것입니다.

지겹게 되풀이하는 것 같습니다만 2005년 8월부터 시작한 상승 추세(2006년 3월 말 현재 계속 중)도 닛케이평균과 조금 전 언급 것과 동일한 종목의 차트로 검증해 보겠습니다. 상승 추세 중의 8개월 정도의 기간입니다만, 그에 상응하는 수익률을 남기고 있는 것을 확인할 수 있습니다.

【표2】 닛케이평균 편입 225종목의 상승률 배율 분포

2003년 5월 제1주 ~ 2004년 4월 제4주까지(약 12개월간)

상승 배율	종목수	225종목 중 비율*
1~1.5배	62종목	27.6%
1.5~2배	87종목	38.7%
2~3배	52종목	23.1%
3배 이상	18종목	8.0%
하락세	1종목	0.4%
비교 불가	5종목	22%

■ 닛케이 평균주가 주봉도표 (2005.8 ~ 2006.3)

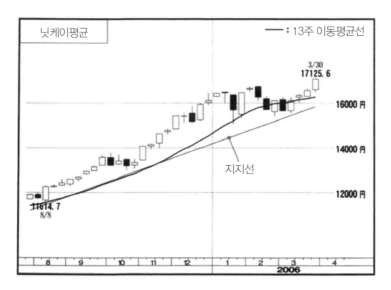

■ 신일본제철 주봉도표 (2005.8 ~ 2006.3)

2장 상승장세에서는 우량주를 중심으로 운용한다.

■ 히타치제작소 주봉도표 (2005.8 ~ 2006.3)

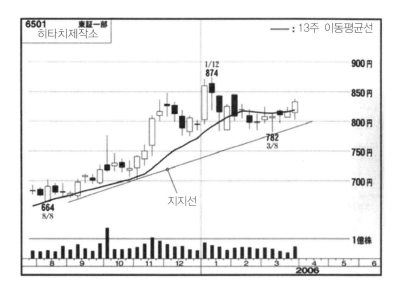

■ 미츠비시도쿄FG 주봉도표 (2005.8 ~ 2006.3)

■ 미즈호FG 주봉도표 (2005.8 ~ 2006.3)

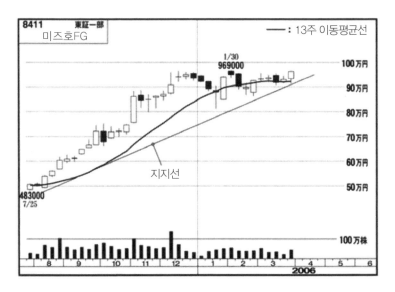

2장 상승장세에서는 우량주를 중심으로 운용한다.

8

상승 추세에서 투자 종목의 보유기간은?

많은 투자자가 범하기 쉬운 실수는 기껏 상승 추세에서 주식을 사더라도 자산가치 이익이 나오고 있는 종목을 일찍이 차익실현(매도)을 해버리는 것입니다. 그 결과 상승 추세가 매도한 종목의 상승 추세만 바라만 보고 있게 됩니다.

행동 심리학의 관점에서 보면 인간에게는 이익을 빨리 확실한 것으로 하고 싶은 한편 손실은 미루고 싶은 경향이 있다고 합니다. 상승 추세 중에는 주가가 상승할 때는 거래량이 많고, 주가가 하락할 때는 거래량이 줄어든다고 하는 전형적인 반복되는 형태(패턴 pattern)는 이러한 인간의 심리를 잘 반영하고 있습니다. 그러나 투자에 있어서는 그 반대가 올바른 행동이며 차익실현은 가능한 한 천천히 해야 합니다.

상승 추세는 큰 이익을 얻는 기회입니다. 상승 추세가 계속되고 있는 한은 보유주를 계속 가지고 있겠다고 하는 강한 의사를 가져 주십시오. 주가 시세는 파도처럼 올랐다가 내리고, 내렸다 오르는 것을 반복하면서 상승해 갑니다만, 세세한 파동은 신경을 쓰지 말고 차분히 계속하여 보유하는 것이 중요합니다.

매도하는 것은 상승 추세가 계속되지 않는다고 판단한 후에도 늦지 않습니다. 하지만 최고가에 매도해야지 하는 생각은 안 됩니다. 주식투자에서 머리와 꼬리는 줘 버리라고 하는 격언이 있습니다. 주식투자에서는 최저가에 사서 최고가로 파는 것이 이론상 이상적이지만 그것은 불가능한 경우에 속합니다. 이 격언은 그러한 불가능에 괜한 힘을 쓰는 것보다 7할~8할의 이익으로 만족하는 것이 주식투자에서 성공하는 비결이라는 것을 설명하고 있습니다([그림10] 참조).

다만, 대세 상승장세에서도 닛케이평균 편입 225종목 중에서도 개별적인 악재 요소로 급격하게 하락하는 개별종목이 있으므로 그러한 개별주식을 보유한 경우 상승 추세라도 차익을 실현하는 매도를 하고 악재가 사라지고 저점이 형성되어 반등하여 상승 추세에서 다시 매수하여 보유하는 반복 매매를 하여 결과적으로 상승 추세에서 투자 종목의 보유기간을 늘려 높은 운용실적의 결과를 가져올 수 있다.

결론은 상승 추세에서는 매도한 주식은 쳐다도 보지 않는다가 아니고 다시 매수할 반등할 저점을 확인하여 추가 매수를 반복하는 것이다.

【그림9】 주가와 거래량과의 관계

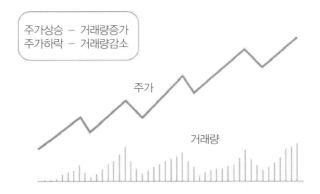

주가상승 - 거래량증가
주가하락 - 거래량감소

주가

거래량

【그림10】 머리와 꼬리는 자른다.

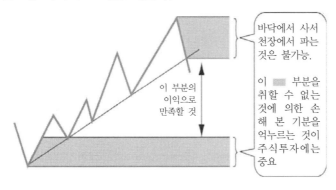

바닥에서 사서
천장에서 파는
것은 불가능.

이 ▬ 부분을
취할 수 없는
것에 의한 손
해 본 기분을
억누르는 것이
주식투자에는
중요

이 부분의
이익으로
만족할 것

9

투자금의 배분은 어떻게 하면 좋은가?

상승 추세에 있어서 자금 배분은 기본적으로는 우량주의 매수만으로, 자금의 7할~8할을 투입하는 것이 됩니다. 남은 2할~30%은 만일에 대비하여 현금으로 보유하도록 합니다(상승 추세 안정형).

다소 위험이 증가한다 해도 더 높은 이익을 노리고 싶다면, 우량주를 6할, 신흥시장의 성장주를 2할, 현금을 2할로 배분하거나(상승 추세 균형투자형), 우량주를 4할, 신흥시장의 성장주를 4할, 현금을 2할로 배분(상승 추세 적극형)하는 방법도 있습니다. 또한, 신흥시장의 성장주란 자스닥 · 마더스Mothers(일본벤처기업증권시장) 시장에 상장되어 있고 재무나 업적이 좋고 성장성이 회사 예상을 상회하고 있는 것 같은 기업의 주식을 말합니다.

자금 배분의 형태는 매매 기술의 수준에 따라 결정하여야 합니다. 매매 기술이 아직 미숙하다고 생각되는 분은 안정형이 좋고, 자신이 있다고 하시는 분은 안정 적극형이나 적극형으로 도전해 보아도 좋습니다.

주의할 점으로는 하나의 종목에 집중하여 투자하지 않는 것입니다. 우량주의 승률이 9할 이상이라고 해도, 남은 10% 이하의 종목을 사 버릴 가능성도 있습니다. 종목을 분산하는 것으로 이러한 위험을 줄일 수 있고 안정된 높은 수익도 기대할 수 있습니다.

자금 배분의 3가지 형태 모두에서 자금의 2할은 현금으로 하고 있습니다만, 현금을 보유하고 있는 것이 중요한 것은 주식투자에서는 심리적으로 여유를 가진 인간이 압도적으로 유리하기 때문입니다. 현금을 보유하고 있는 것으로 여유가 생긴다면, 언제나 긍정적으로 매매할 수 있고 주가 시세의 전환점에서도 냉정하게 대처할 수 있습니다.

또한 주식시장은 극히 드물게 예측할 수 없는 대폭락을 일으키는 일이 있습니다. 앞으로 우리들의 투자 인생에서도 2~3회는 충분히 일어날 수 있는 것입니다. 투자 경력이 오래되신 분은 이미 몇 번 경험하셨을 것입니다. 1987년 10월의 블랙 먼데이나 2001년 9월의 미국 동시다발 테러와 같은 일이 일어나도, 주가의 폭락에 버틸 수 있도록, 전액을 투자하지 말고, 2~30%은 현금으로 보유하고 있는 편이 좋습니다.

【표3】 상승 추세 중의 자금 배분 방법

구분	우량주	신흥시장 성장주	현금
① 안정형	7할~8할	없음	2할~30%
② 안정 적극형	6할	2할	2할
③ 적극형	4할	4할	2할

10

실전테크닉 ① 우량주 매수타이밍과 종목선정

우량주는 벤처기술주나 작전주에 비하면 주가 변동이 활발하지 못하지만, 상승 추세의 초기에서 사는 것이 가능하다면, 그대로 보유하고 있는 것만으로 낮은 위험으로 안정된 수익을 낼 수 있습니다. 이상적으로는 주가 시세의 파동마다 몇 번이고 매매를 반복하여 이익을 낼 수 있게 되는 것입니다.

우량주의 매수타이밍은 주로 다음의 2가지입니다.

(1) 지수와 개별종목 모두 상승 추세의 차트 패턴이 되었을 때

닛케이 평균주가의 상승 추세 전환을 파악하는 방법에 대해서는 이 장의 2~5에서 설명하였습니다. 개별종목에 대해서도 같은 방법으로 추세전환을 판단할 수 있습니다.

닛케이 평균주가와 그것을 구성하는 개개의 우량주에는 연동성이 있으므로, 닛케이평균이 상승 추세 참여의 차트 패턴이 되는 것은 개개의 우량주의 매수타이밍을 보완해 주고 매수 시 안정감을 줍니다. 닛케이평균과 개개의 우량주의 양쪽 차트가 2~3일 이내의 차이로 상승 추세를 나타내게 된다면 상당히 신뢰할 수 있습니다.

주의점으로는 상승 추세로 전환하였을 때부터 저항선을 돌파한 시점부터 주가의 상승률이 10% 이내에서 사는 것을 명심해 주십시오. 추세전환을 신속하게 판단하고 가능한 한 빨리 매수 결단을 내리는 것이 요구됩니다.

또한 닛케이 평균주가가 상승 추세로 전환하는 전후에서 동일하게 상승 추세의 전환을 나타내는 우량주는 다수 있으며, 그중에서 어느 것을 선택하면 좋을지 망설입니다. 그래서 상승 추세에서 우량주 선별 포인트를 간단히 설명하겠습니다.

① 신용 매수액과 신용 매도액을 비교하여, 신용 매수액이 지나치게 많지 않을 것. 신용 매수액과 매도액이 비슷한 경우가 더 좋다.

② 『회사 재무제표』 등을 조사하여 업적 변화율이 높을 것

③ 같은 업종 중에서도 PER[3]이나 PBR[4]이 낮을 것

특히 PER은 업종에 따라 평균적인 수치가 크게 변합니다. 철강주와 같이 10배 대의 종목이 많은 업종도 있으면, 첨단기술주와 같이 50배 대가 많은 업종도 있어, 일률적으로 몇 배가 싸다 비싸다고 하는 기준은 없습니다.

외국인 투자자라도 판단은 다양한 것 같습니다만, 적정 PER은 성숙 산업이라면 시장 평균보다 낮게, 성장산업이라면 시장 평균보다 높게 설정하고 있는 것 같습니다. 참고로 저는 성숙 산업은 20배 이내, 성장 산업은 40배 이내를 적정 PER의 대략적인 기준으로 하고, 동업종의 평균 PER도 참고하고 있습니다.

---

3) PER : 주가수익률(Price Earning Ratio)의 약자로 주식의 주당 시가를 주당이익으로 나눈 값. 주가가 1주당 수익을 비율을 나타낸다.
4) PBR : 주가순자산비율(Price Book Value Ratio)의 약자로 시가 총액을 순자산(총자산-부채)으로 나눈 값을 비율로 나타낸다.

(2) 폭락장세 때

상승 추세에 올라타는 시기가 늦어 버리면 단기간에서의 폭락 주가 시세 시가 절호의 매수 시점이 됩니다. 2장 6의 상승 추세의 지속을 확인하기 위해서는 33~38쪽에서 설명한 지속성의 3가지 조건을 모두 일시적으로 하는 주춤하는 경우는 있어도, 대세 상승장이 붕괴하지 않으면 주가는 번지점프처럼 되돌아옵니다.

그러나 폭락할 때 개개의 종목이 어디까지 하락하는가는 정확하게 말해 알 수 없습니다. 한가지 말할 수 있는 것은 개개의 종목의 움직임을 보는 것이 아니라, 닛케이 평균주가를 보고 매매하면 능숙한 매수 방식이 가능하다고 하는 것입니다.

닛케이 평균주가는 15,000엔, 14,500엔, 14,000엔, 13,500엔…과같이 내려가는 주가가 바닥 주가 시세가 되는 습성이 있습니다. 선물의 매매가 얽혀, 급락의 주가로 사는 쪽의 환매나 매도하는 쪽의 신규 매수가 들어오기 쉽기 때문입니다.

닛케이 평균주가가 급락의 주가에 가깝다면, 그 타이밍에서 개개의 우량주를 매수하면 생각 외로 바닥 주가 시세에 가까운 주가로 살 수 있습니다. 과거 예를 보면 폭락 시의 90% 이상의 종목이 닛케이 평균주가가 저가를 형성한 것과 같은 시간대에 저가를 형성하고 닛케이 평균주가가 상승으로 전환하면 같은 시간대에 상승으로 전환하고 있습니다.

2003년 이후의 과거 6회의 폭락장세의 고가와 저가를 보면 아래 표와 같습니다.

【표4】 과거 6회의 폭락장세에서 닛케이 평균주가

구분	고가	저가	하락폭	하락률
2003년 10월의 폭락	11,238엔	9,614엔	1,624엔	14.5%
2004년 5월의 폭락	12,195엔	10,489엔	1,706엔	14.0%
2004년 7월의 폭락	11,988엔	10,545엔	1,443엔	12.0%
2005년 4월의 폭락	11,911엔	10,770엔	1,141엔	9.6%
2006년 1월의 폭락	16,490엔	15,059엔	1,431엔	8.7%
2006년 2월의 폭락	16,777엔	15,390엔	1,387엔	8.3%

2004년 5월, 7월의 폭락에서는 10,500엔, 2006년 1월의 폭락에서는 15,000엔이라고 하는 급락의 주가가 바닥 주가 시세로서 기능하였습니다. 한편으로는 2003년 10월과 2005년 4월, 2006년 2월의 폭락에서는 이 조건에 해당되지 않았던 것처럼 언제나 좋을 수만은 없습니다만 기준은 됩니다. 또한 하락폭과 하락률에는 이러한 규제성은 없습니다.

또한 폭락장세에서는 손절매도 유효한 방법입니다. 작전주나 재료주, 하락 추세에서 우량주의 손절매는 피해야 합니다만, 상승 추세에서 우량주의 경우는 올바른 매수 방법이라고 할 수 있습니다.

예를 들면, 폭락할 때 저PER이나 저 PBR 등의 가치주를 중장기 보유할 예정으로 닛케이 평균주가의 급락 주가에서 2~3회로 나누어 사는 것으로 보답받을 가능성은 상당히 커집니다. 가치주는 모두 비관적으로 되어 있을 때가 매수에 가장 적기가 됩니다.

■ 스미토모 금속공업 일봉도표 (2005.11.16 ~ 2006.3.16)

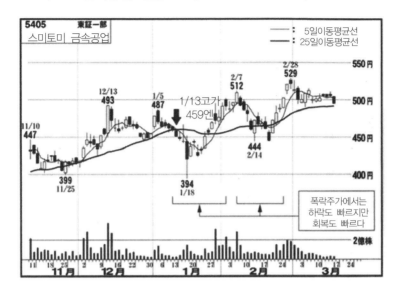

■ 닛케이평균을 이용한 폭락 시 (손절매)매수 기준

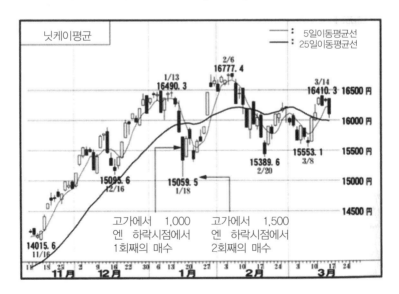

2장 상승장세에서는 우량주를 중심으로 운용한다.

11

실전테크닉 ② 우량주 매도타이밍

우량주의 매도에 대해서는 추세분석보다 차트 분석으로 판단하는 것이 일반적입니다. 그러나 주가 시세의 파동마다 판다면 차트 분석도 대단히 중요합니다만 먼저 추세분석에 의한 매도 판단을 확실히 숙달해 두지 않으면 상승 추세에서 큰 이익을 놓치게 되어 버릴지도 모릅니다.

우량주의 매도타이밍은 주로 다음의 2가지가 있습니다.

(1) 상승 추세의 지속을 확인할 수 없을 때

매수타이밍과 같이 전체추세(닛케이 평균주가)에 관해서 설명한 6항 상승 추세의 지속을 확인하기 위해서는 33~38쪽을 개별 우량주의 주가에 대한 설명으로 대체하여 다시 읽어봐 주십시오.

개별종목에서도 폭락 주가 시세를 제외하고 이하의 3가지의 판단 재료 중 2가지에서 상승 추세의 지속을 확인할 수 없게 되었을 때는 매도로 판단하게 됩니다.

또한 매도 판단 시에는 개별종목과 함께 닛케이 평균주가의 움직임도 주의해 주십시오. 하락 주가 시세에서는 닛케이 평균주가부터 무너져 개개의 종목에 파급해 가는 패턴이 많기 때문입니다.

닛케이 평균주가를 선행 지표로 하여 매도시기를 생각하면 좋습니다.

상승 추세 계속의 판단 요소	매도 판단 요소
• 지지선보다 떨어지지 않는다.	⇨ 지지선보다 떨어진다.
• 이전의 천장이 바닥으로서 기능하고 있다.	⇨ 이전의 천장이 바닥으로서 기능하지 않는다.
• 25일선, 13주 이동평균선보다 떨어지지 않는다.	⇨ 25일선, 13주 이동평균선보다 떨어진다.

(2) 단기간에 폭락한 때

상승 추세 과정이라도 주가가 단기간에 폭락한 때에는 그대로 계속하여 오르는 일은 거의 없습니다. 차익실현의 매도를 처리하면서 어느 정도의 조정을 할 필요가 있기 때문입니다.

이때 차트 분석이 필요하게 됩니다. 대양선*이 3줄 연속하여 나란히 늘어서 있거나 삼공*이 3연속 출현하면 차익을 실현하는 매도를 해도 괜찮습니다. 다시 매수한다는 마음가짐으로 매매하여 차익을 실현하는 매도에 임하면 좋습니다.

참고 *대양선 : 양봉차트에서 몸통은 매수세, 위꼬리는 대기 매도세, 아래꼬리는 대기 매수세, 대양선은 매수세기가 큰(긴) 몸통 길이를 의미한다.

*삼공 : 상승 추세에서 증시가 과열돼 양봉차트에서 3회 연속의 공간(gap)이 형성되는 경우를 말한다. 전날의 종가보다 다음 날의 시가가 높은 경우 발생한다.

〈3연속 대양선〉 〈3연속 3공〉

12

실전테크닉 ③ 우량주 회전매매로 수익률 올리기

주가 시세의 파동마다 사고팔기를 반복하는 회전매매를 능숙하게 할 수 있다면 운용 성적은 비약적으로 향상합니다. 상승 추세에 있어서 회전매매 방법에는 다음의 2가지가 있습니다.

(1) 같은 종목을 회전 매매한다.

몇 개의 우량주만을 매매하는 방법입니다. 주가가 오르면 이익을 확정하여 팔고 눌림목이 있으면 그 종목을 다시 삽니다. 기본은 「주가가 25일선부터의 괴리율[5]이 커지면 팔고, 25일선 전후로 내리면 산다」를 반복하는 것입니다. 매도는 차트도 조합하여 판단해 가면 정밀도가 높아집니다. 같은 종목을 파는 것으로 그 종목의 주가 변동의 특징을 파악할 수 있어 숙달된 종목으로 할 수도 있습니다.

(2) 순환 자금으로 회전 매매한다.

자금의 흐름을 파악하여 매매하는 방법입니다. 순환 자금에 의한 회전매매는 주로 2가지의 흐름이 있습니다.

① 내수주 → 첨단기술주(기술주) → 내수주 → 첨단기술주 ……
② 대형주 → 중소형주 → 대형주 → 중소형주 ……

---

[5] 괴리율: 목표주가와 현재 주가와의 차이를 백분율로 표시한 지표이다. 목표주가가 10,000만원, 현재 주가가 5,000원이라면 주가괴리율은 100%가 된다.

자금의 흐름을 보면서 내수주를 팔면 다음은 첨단기술주를 사거나, 대형주를 팔면 중소형주로 갈아타거나 합니다. 기본적으로는 (1)의 매매와 같이 25일선을 기준으로 보면서 매매합니다.

첨단기술주인지 내수주인지의 물색의 방향을 가려내기 위해서는 닛케이 평균주가와 토픽스(TOPIX)[6]의 어느 쪽이 매수되고 있는가를 잘 보는 것입니다. 닛케이 평균주가는 편입 종목수가 다른 업종에 비해 많고 또한 주가도 높은 것이 많은 첨단기술주의 기여도가 크고, 토픽스(TOPIX)는 시가 총액 상위의 내수주의 영향이 크기 때문입니다.

닛케이 평균주가의 상승률이 토픽스(TOPIX)의 상승률을 크게 상회하면 첨단기술주가 매수되고 있는 것이 되고, 그 반대라면 내수주가 매수되고 있는 것이 됩니다. 또한 대형주 중소형주의 매수 동향을 파악하는 데에는 대형주 중형주 소형주의 각각의 지수의 움직임을 보는 것으로 알 수 있습니다.

또한 일반적으로 회전매매는 전업투자자인 데이트레이더(day trader)[7]가 주로 한다고 생각하지만, 저는 오히려 주식시장 현황을 계속하여 볼 수 없는 회사원 투자자 쪽이 적합하다고 생각합니다. 시장을 계속하여 보고 있으면 아무래도 이성적인 판단을 할 수가 없고 감정적으로 움직여 매매하기 때문입니다.

---

6)토픽스(TOPIX, Tokyo stock Price IndeX)는 일본의 도쿄증권거래소의 주요 주가지수이다. 도쿄증권거래소 1부에 상장된 일본기업들의 주가를 나타낸 지표이다.
7)데이트레이더(day trader)는 하루에 몇 번을 매매하는 단타 매매자를 말한다.

3 장

보합장세에서는
작전주를 중심으로 운용한다.

1

작전주란 무엇인가?

작전주란 어느 특정 자금에 의해 주가가 의도적으로 조작되어 끌어올려지는 주를 말합니다. 특정 자금은 싼 지점에서 주식을 사 모아 높은 지점에서 팔고 빠지는 것에 의해 막대한 이익률을 높입니다. 그 특정 자금을 노리는 작전주 세력의 주도자는 자산가 그룹이나 작전세력이라고 하는 그룹 또는 펀드나 투자자문 등입니다. 이들을 하나로 모아 작전세력 또는 특정 세력이라고 합니다.

과거의 작전주라고 하면 수익성이 낮고, 재무 내용도 나쁜 넝마주[8]가 주류였습니다만, 최근은 사업의 수익성도 재무 구조도 좋고, 성장성도 있는 건실한 실적주가 작전주로 이용되고 있습니다. 일부 기관투자자도 운용하는 펀드로 시세를 조정하는 예도도 많으며 그런 건실한 회사의 실적주가 작전주로 사용되는 것은 시대의 흐름이라 하겠습니다. 행동주의펀드인 무라카미펀드[9] 등이 그 상징이라 하겠습니다.

주식 관련 정보를 다루는 신문(인터넷 포함)은 작전세력 재료주라고 표현합니다. 다만, 작전세력이 있는지 어떤지를 알 수 없는 것을 작전주라고 할 수 없는 것이 그 이유라고 합니다.

---

8)기업의 영업 결손이 여러 해 동안 계속되어, 기업의 자구적인 노력만으로는 회복할 수 없게 된 주식.
9)무라카미 펀드란, 일본 경제산업성 관료 출신 무라카미 요시아키가 만든 투자운용사로, 일명 행동주의펀드라고 한다. 이들은 주주제안으로 이사회와 주주총회에서 합법적으로 주주 이익을 위해 경영 간섭을 행사하고, 여론전도 과감하게 한다.

그러나 작전세력 재료주 = 작전주라고 생각해도 틀리지 않을 것입니다.

▓ 2005년 작전주 동향 (도쿄증시 1·2부의 일부)

종목(코드)	초기 전일의 종가 (월/일)	최고가(월/일)	상승 배율
佐伯建設工業(1889)	150엔(3/1)	246엔(3/22)	1.64배
大同紡織(3202)	162엔(10/14)	428엔(12/30)	2.64배
에코낙(3521)	68엔(7/15)	242엔(8/26)	3.56배
가와시마직물(3009)	169엔(7/19)	388엔(8/2)	2.30배
紀州제지(3882)	217엔(7/19)	424엔(9/2)	1.95배
東邦아세틸렌(4093)	150엔(7/15)	326엔(7/26)	2.17배
虹技(5603)	182엔(2/1)	665엔(3/2)	3.65배
不二샤시(5940)	234엔(8/2)	445엔(8/18)	1.90배
內海조선(7018)	260엔(8/29)	662엔(9/6)	2.55배
마니야·오피(7991)	168엔(1/21)	402엔(3/7)	2.39배
루시안(8027)	178엔(2/23)	543엔(3/22)	3.05배
東都水産(8038)	221엔(2/22)	571엔(4/25)	2.58배
東天紅(8181)	220엔(2/3)	441엔(2/22)	2.00배
라피누(8143)	268엔(10/7)	445엔(10/13)	1.66배
東日카라이프(8291)	393엔(4/12)	902엔(5/23)	2.30배
共榮유조선(9130)	257엔(1/26)	562엔(3/7)	2.17배

2

보합권 추세란 무엇인가?

닛케이평균 주봉차트 16~17쪽에서 C기간을 보면 주가는 저항선에 가까워지면 아래로 내려가고, 지지선에 가까워지면 위로 올라가고 있습니다. 평행으로 보인 저항선과 지지선 사이의 좁은 권역 안에서 주가가 상승과 하락을 반복하고 있습니다. 이 기간을 보합 추세(보합 추세)라고 합니다.

거품경제 붕괴 후의 일본 주식시장에 있어서는 하락 추세 기간이 압도적으로 많았습니다만, 수년간 최악의 기간을 탈피하여 상승 추세의 기간에 있었습니다. 그러나 이 상승 추세가 한번 끝나면 그 이후의 주식시장은 교착 상태가 계속되어 보합 추세의 기간이 대세를 점하는 것이 예측됩니다.

일본 경제가 성숙해 있어 신흥국과 같은 고도의 성장은 더 이상 있을 수 없기 때문입니다. 그러므로 보합장세에서 수익률을 올리는 것이 주식투자 운용실적의 핵심이 됩니다.

3

보합권 추세의 특징

보합 추세의 특징은 다음의 도표와 같이 천장인 저항선과 바닥인 지지선 사이에 끼어 위로도 아래로도 돌파할 수 없는 상황이 계속되는 것입니다. 보합장세에서는 투자자는 우량주를 사도 큰 이익을 얻을 수 없습니다만 큰 손실을 보는 일도 없습니다. 강력한 매수 방법도 강력한 매도 방법도 존재하지 않고, 균형이 유지된 보합세(시세)이기 때문입니다.

보합 추세에서 얻을 수 있는 이익은 작지만 깊이 생각하지 않고 저항선에서 팔고, 지지선에서 산다는 기계적인 매매를 하는 것만으로 충분하기에 우량주 매매를 반복하는 데는 상당히 매매하기가 편한 주가 추세입니다.

【그림11】 보합 추세에서 주가의 움직임

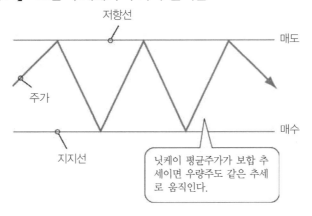

하지만 보합 추세의 문제점은 상승 추세에서 보합 추세로 전환한 경우는 최초 수개월 또는 1년 이상은 하락 추세와의 구별이 어렵습니다.

또한, 하락 추세에서 전환의 경우에도 최초 수개월 또는 1년 이상은 상승 추세와 구별이 어렵습니다. 핵심은 보합 추세는 초기에서 구별하는 것이 불가하고 어느 정도 기간이 경과하지 않으면 보합 추세라고 판단할 수 없다는 것입니다.

그럼 추세를 판단할 수 있을 때까지는 어떠한 투자 방법이 좋을까요? 다음 쪽에서 실전적인 대처 방법을 설명하겠습니다.

4

보합 추세 진입 전까지 투자 방법

예를 들면 새로운 추세를 보합 추세로 판단할 수 있을 때까지는 어떻게 대처하면 좋을까요? 닛케이 평균 주가차트(70~71쪽)를 보면서 설명하겠습니다.

먼저 차트의 C기간은 정확하게 언제 시작하였을까요? 그것은 B의 상승 추세에 있었던 주가가 2004년 5월 제2주에 지지선보다 떨어져 추세가 전환을 나타낸 때부터입니다(차트상의 'ㄨ'표시). 그러나 이 시점에서는 보합 추세로 전환하였는지 아니면 하락 추세로 전환하였는지는 확실하게 알 수 없습니다.

그러므로 저는 실전에서는 2004년 5월 제3주부터는 보합 추세와 하락 추세 어느 경우에도 좋도록 작전주 반, 재료주 반(보합 추세에서는 작전주를 중심으로, 하락 추세에서는 재료주를 중심으로 운용하기 위해)의 비율로 짧은 기간에 매매 해 갑니다(만일 하락 추세였을 경우는 우량주 매매는 승률이 낮아지고 큰 이익을 얻을 수 없기에 보합 추세로 판단할 수 있기 전의 시점에서는 절대로 권하지 않습니다.).

■ 닛케이 평균주가 주봉도표 (2002.6 ~ 2006.3)

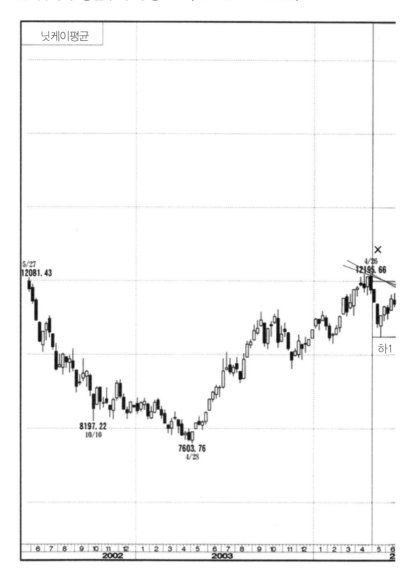

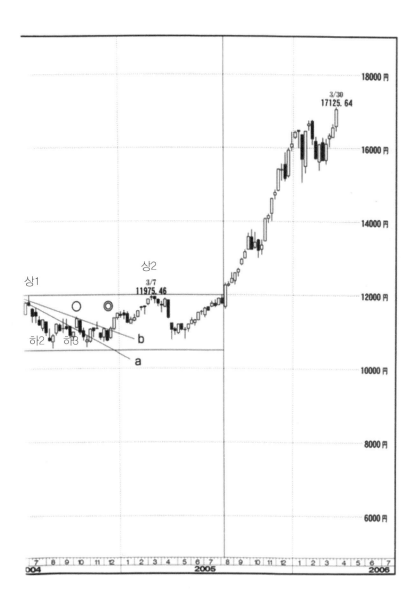

작전주에 대해서는 이번 장 후반에서 설명하는 작전주 매매기법으로, 재료주에 대해서는 제4장 후반에서 설명하는 재료주 매매기법으로 매매하면서 보합 추세인지 하락 추세인지를 판단하기 위해 하락 추세의 저항선을 그을 수 있을 때까지 기다려 보았습니다.

그러자 시간이 경과함에 따라 a선, b선의 2개의 저항선을 그을 수 있게 되었습니다. 먼저 추세가 전환을 나타내고 3개월이 경과한 지점에서 a선을 그을 수 있었습니다. 그러나 그 3개월 후 주가는 이 저항선을 위로 돌파하였습니다. b선은 추세전환으로부터 5개월 경과한 시점에서 그을 수 있었습니다만, 이 비교적 신뢰성 높은 선도 그 2개월 후에는 주가가 위로 돌파하였습니다.

이 2개의 저항선에 대해서 주가가 6개월 이내에 1줄도 위로 돌파할 수 없다면 하락 추세에 들어섰다고 판단할 수 있습니다. 반대로 주가가 6개월 이내에 1줄이라도 저항선을 위로 돌파한다면 거의 보합 추세에 들어섰다고 판단할 수 있고(차트상의 ○표시) 2줄 모두 돌파해 버렸다면(차트상의 ◎) 완전히 보합 추세에 들어섰다고 판단해도 좋습니다.

그때까지는(적어도 ○표시가 붙여진 상태가 될 때까지는) 하락 추세와 보합 추세 양쪽의 경우를 생각하여 매매하지 않으면 안 됩니다.

【그림12】 보합 추세의 진입 분석

상승 추세에서 전환	하락 추세에서 전환
① 지지선을 밑돌아 추세전환을 시사	① 저항선을 상회하여 추세전환을 시사

② 다음의 파동을 그린다면, 저항선 a를 형성한다. ② 다음의 파동을 그린다면, 저항선 a를 형성한다.

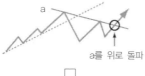 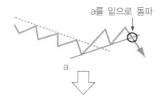

③ 나아가 다른 1줄의 저항선 b를 형성한다. ③ 나아가 다른 1줄의 지지선 b를 형성한다.

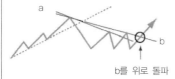 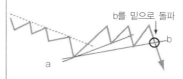

a,b 2줄의 선이 저항선을 돌파한 것으로부터 보합 추세 진입으로 판단	a,b 2줄의 선이 지지선을 돌파한 것으로부터 보합 추세 진입으로 판단

즉 실전적으로는 5월 중순부터 시작된 추세전환은 4개월 반 정도 지난 10월 초순(차트상의 ○표시)에는 보합세권으로 판단해도 좋다는 것이 됩니다. 여기서 처음으로 재료주의 운용 비율을 줄이고 작전주의 운용 비율을 높이면 됩니다.

하나의 추세가 1년 이상은 계속될 가능성이 큰 것을 생각하면 이제부터 운용 방침을 확실히 정해도 충분합니다. 실제로 2004년 10월 초순에 보합 추세로 판단한 후, 이 보합 추세는 2005년 8월 초순까지 10개월 정도 계속되었습니다.

이상의 실전 예와는 반대로 주가가 하락 추세에서 전환하여 보합 추세인가 상승 추세인가를 알 수 없는 경우는 어쨌든 지지선을 2줄의 선을 그어봅니다. 지지선이 반년 이내에 2줄 선이 모두 무너지면 보합 추세일 가능성이 상당히 크다고 판단할 수 있습니다. 그때까지는 상승 추세와 보합 추세 양쪽의 경우를 생각하여 대처하지 않으면 안 됩니다.

결국 주식투자는 현실에 부딪쳤을 때의 대응력에서 차이가 생깁니다. 다양한 경우를 가정하여 어떤 경우가 되어도 신속하고 기민하게 대응할 수 있는 투자자가 성공을 거머쥐게 되는 것입니다.

5

보합 추세를 확인하는 방법

보합권으로 판단하였다면 보합 추세가 시작된 후의 고가와 저가를 기준으로 2개의 평행선 즉 저항선과 지지선을 형성합니다([그림13] 위 참조).

보합 추세의 지속을 확인하는 것은 실로 간단합니다. 이 저항선과 지지선의 범위 내에서 주가가 변하고 있으면, 보합 추세는 계속되고 있기 때문입니다. 그 외의 분석 요소는 필요 없으며 상승세나 하락세를 분석과 비교하여 판단하기가 상당히 쉽습니다([그림13] 아래 참조).

앞쪽(70~71쪽)의 닛케이지수 주가차트에서는 2004년 7월 제1주(7월 1일)의 고가 11,988엔을 기준으로 저항선을 2004년 5월 제3주(5월 17일)의 저가 10,489엔을 기존으로 지지선을 형성하게 됩니다.

그렇게 하면 고가는 12,000엔에서 저가는 10,500엔에서 보합권이 형성되어 있는 것을 알 수 있습니다. 주가가 저항선인 12,000엔을 위로 돌파할 때까지 또는 지지선인 10,500엔을 밑으로 돌파할 때까지는 주가 시세 폭이 1,500엔에서 보합권이 형성되어 계속된다고 판단할 수 있습니다.

【그림13】 보합 추세의 지속성 분석

〈보합권의 상한선 하한선 형성〉

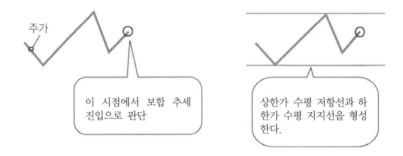

〈보합 추세의 종료 신호〉

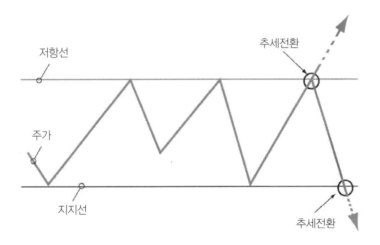

　실제로 약 15개월간 계속된 이 보합권을 분석하면 주가가 저항선에
접근한 것은 2번, 지지선에 접근한 것은 3번이었습니다.

☞ 저항선에 접근한 것 (70쪽~71쪽 참조)

　• 2004년 7월 1주(7월 1일)의 고가 11,988엔(차트 상1),

- 2005년 3월 2주(3월 11일)의 고가 11,975엔(차트 상2)

☞ 지지선에 접근한 것 (70쪽~71쪽 참조)

- 2004년 5월 3주(5월 17일)의 저가 10,489엔(차트 하1),
- 2004년 8월 3주(8월 16일)의 저가 10,545엔(차트 하2),
- 2004년 10월 5주(10월 25일)의 저가 10,575엔(차트 하3)

주가가 저항선과 지지선에 접근할 때마다 반등하고 있는 것을 알 수 있습니다. 그리고 2005년 2주(8월 10일)에 종가로 12,000엔을 넘어 (12,098엔) 처음으로 보합 추세가 종료하고 있음을 확인할 수 있습니다.

보합 추세가 지속하고 있는지를 판단하기 위해서는 닛케이 평균주가의 주봉도표가 적합합니다. 일봉도표에서 작은 오르내림에 갈팡질팡하여 큰 흐름을 잘못 판단하는 경우가 있습니다.

보합 추세가 다른 추세로 전환하는 것을 판단하기 위해서는 일봉도표를 보는 것이 적합합니다. 그러므로 보합 추세에 진입하여 보합권이 지속되는 6개월이 지난 후에는 일봉도표와 주봉도표를 같이 보고 판단하여야 합니다.

또한 상승·하락·보합의 각 추세의 지속성을 확인하기 위해서는 외국인 투자자의 매매 동향을 주시하지 않으면 안 됩니다(5~6장 참조).

6

왜 작전주를 중심으로 운용해야 하는가?

주가의 움직임을 장기간에 걸쳐보면 보합 추세가 대부분의 기간입니다. 주가가 상승하면 저항선에 억제되고 주가가 하락하면 지지선에 지지 되고 있습니다. 작은 폭의 시세에서 오르내리고 있어, 대세 상승장과 비교하면 운 좋게 우량주에 투자하여 이익을 냈다 해도 조금에 지나지 않습니다.

다음의 닛케이지수 차트와 대표적인 우량주 3종목의 차트를 분석하겠습니다. 상승 추세의 때와 차이를 명확히 비교하기 위해서 2장의 같은 종목으로 비교합니다.

■ 닛케이 평균주가 주봉도표 (2004.3 ~ 2005.9)

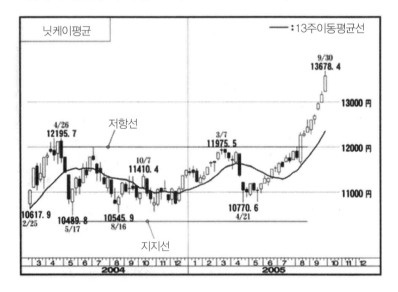

이 보합 추세 기간에서 닛케이지수는 10,500엔부터 12,000엔까지의
주가 시세 폭이 겨우 1,500엔의 범위에서 움직이고 있습니다.

■ 신일본제철 주봉도표 (2004.3 ~ 2005.9)

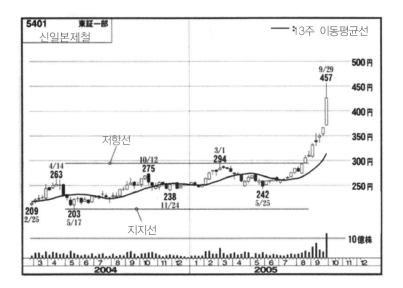

신일본제철은 저가 203엔에서 고가 294엔까지의 91엔의 주가 시세
폭입니다. 대부분 기간은 220엔부터 270엔까지의 50엔 변동 폭의 범위
에서 움직이고 있습니다.

■ 히타치제작소 주봉도표 (2004.3 ~ 2005.9)

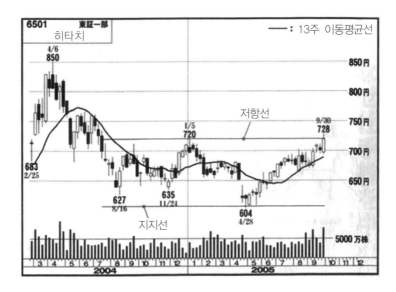

■ 미츠비시도쿄FG 주봉도표 (2004.3 ~ 2005.9)

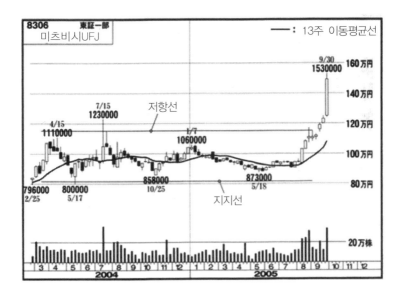

3장 보합장세에서는 작전주를 중심으로 운용한다.

히타치는 저가 604엔부터 고가 821엔까지로 대부분 기간은 650엔부터 700엔까지의 50엔 폭의 범위로 움직이고, 미츠비시도쿄FG는 저가 80엔부터 고가 123엔까지로 대부분 기간은 90만엔부터 100만엔까지 10만엔 폭의 범위에서 움직이고 있습니다.

이상의 데이터로부터 닛케이평균도 개별종목도 주가 변동은 작다는 것을 확인할 수 있습니다. 즉, 보합 추세가 지속되면 우량주를 오래 보유해도 높은 수익률은 바랄 수 없고, 투자 기간의 사용이 효율적이지 않은 것도 확인하였습니다.

여기서 발상의 전환이 필요합니다.

상승 추세에서는「투자 기간이 길고, 승률과 수익 양쪽이 높았다」는 것과 보합 추세에서는「투자 기간을 짧게 하여, 높은 수익을 추구한다」는 전략이 요구됩니다. 이 전략에 어울리는 투자 대상이 무엇인가 하면 주가 변동이 심한 작전주라고 하는 것이 됩니다.

보합 추세에는 작전주가 나타나기 쉬운 시황이기도 합니다. 주가의 움직임이 교착된 보합장세에서 작전주가 화려하게 움직이면 시장의 관심이나 화제를 모으기 쉽기에 작전세력이 보합장세를 선호하여 작전주가 시세를 조작합니다. 특히 2004년 12월 ~ 2005년 1월의 2개월간은 매일 새로운 작전주가 등장하여 작전주가 급등하는 시황이 되었습니다.

다음의 3가지 작전주 차트를 봐주세요.(작전주는 일봉도표를 보고 매매하는 것입니다만, 여기서는 앞의 우량주와의 비교를 위해 주봉도표를 사용합니다.).

동도수산은 3주동안 주가가 2배 이상으로, 오키전선은 같은 3주 동안 주가가 3배 이상이 되었습니다. 또, 대동공업은 겨우 2주 동안(실제로는 5일 동안) 주가가 2배 이상이 되었습니다. 차트의 주가 변동과 거래량의 관계를 보아도 단기간에 자금이 집중하여 흘러 들어와 주가가 급등한 것을 알 수 있습니다.

■ 동도수산 주봉도표 (2004.3 ~ 2005.9)

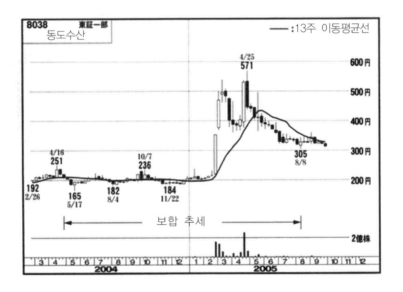

3장 보합장세에서는 작전주를 중심으로 운용한다.

■ 오키전선 주봉도표 (2004.3 ～ 2005.9)

■ 대동공업 주봉도표 (2004.3 ～ 2005.9)

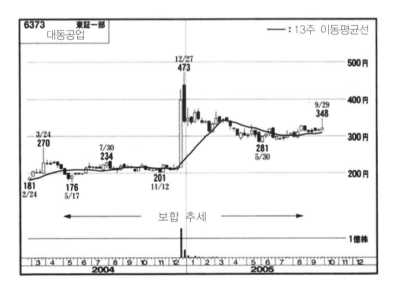

작전주의 매력은 뭐라 해도 단기간에 크게 가격이 오르는 것입니다. 상승 추세에서 오랜 기간을 들여 2배의 주가를 노리는 우량주에 비해 무서울 정도의 단기간에 2배 3배를 노릴 수 있습니다. 겨우 5일 동안 2배가 되거나, 2~3주 동안 2배 3배가 되는 것은 이상하지 않습니다.

많은 주식평론가는 작전주에는 손을 대지 말라고 떠들썩하게 선전하고 있습니다. 그러나 고위험 고수익이라고 말하여지는 작전주도 규칙을 제대로 지켜 매매하면 중위험 고수익이라 할 수 있습니다.

작전주에서 승률은 30% 정도로 충분할 것입니다. 실패하거나 손절매를 일찍 실행하는 것으로 위험을 줄일 수 있고, 승률이 낮은 투자자는 단기간에 높은 수익을 실현하는 것으로 여유롭게 방어할 수 있습니다.

7

우량주를 반복 매매하는 방법

작전주는 아무리 해도 무서워서 손이 가지 않는다고 하는 투자자도 개중에는 있겠지요. 그러한 투자자에게는 우량주를 단기간에 반복 매매하는 방법도 있습니다. 방법은 극히 간단합니다.

개별종목의 주봉도표를 보면서 주가가 13주 이동평균선을 밑돌아 어느 정도 떨어지면 사고, 주가가 13주 이동평균선을 상회하여 어느 정도 떨어지면 판다는 것을 반복하는 것입니다. 보합 추세 시에는 거래량도 일절 볼 필요가 없습니다. 13주 이동평균선만을 보고 매매하면 되는 것입니다.

예를 들면, 주가차트 82~83쪽의 신일본제철이나 히타치, 미츠비시 도쿄FG의 주봉도표를 봐주세요. 보합 추세에서 주가가 13주 이동평균선을 기점으로 하여 오르락내리락하고 있는 것을 확인할 수 있을 것입니다.

한가지 주의해야 하는 것은 보합 추세라고 판단된 후가 아니면 이 매매 방법은 사용할 수 없다는 것입니다. 보합 추세가 아닌 하락 추세에서 우량주를 사 버리면 큰 손실을 볼 가능성이 극히 커져 버리기 때문입니다. 따라서 보합 추세라고 판단된 2004년 10월 초순이 되어 처음으로, 이 매매 방법은 유효하게 됩니다.

【그림14】 13주 이동 평균선을 이용한 매매의 기준

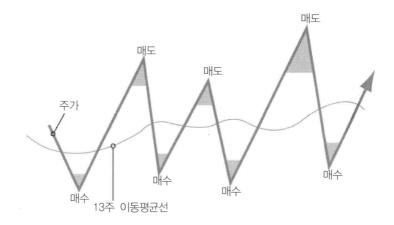

보합 추세는 그렇게 판단된 2004년 10월 초순부터 10개월 정도 밖에 계속되지 않았기 때문에 이 방법에서 현물주를 사고파는 것을 반복해도 2회 사서 2회 파는 것이 고작이었을 것입니다.

저가의 주가 변동에서 민감하게 매매하여 소폭의 시세 폭을 반복하여 취하는 방법도 생각할 수 있습니다만, 매매의 타이밍이 어렵고 수익 이율이 오히려 떨어져 버리기 때문에 그다지 효과적이지는 않습니다. 또한, 우량주를 계속 가지고 있는 것도 투자효율이 낮아질 뿐입니다.

그래서 수익률을 더욱 증가시키는 것을 목적으로 한다면 현물주의 매매 국면에서 신용 대주하여 현물주를 사는 국면에서 동시에 공매를 환매하는 방법도 있습니다. 이 방법으로 반복하여 매매하는 것에 의해 같은 기간에서 2배의 투자효율을 기대할 수 있습니다.

8

투자 기간은 어느 정도가 좋은가?

보합 추세가 계속되는 한은 작전주 투자를 단기로 반복하는 것이 많이 버는 비결입니다. 단기란 어느 정도의 기간인가 이면 짧게는 2~3일, 길게는 1~2개월 정도입니다. 저의 작전주 매매를 통계적으로 보면 1~2주간이 가장 많은 기간이었습니다. 기간에 대해서는 주가 시세의 상황을 보면서 임기응변으로 대응해 가지 않으면 안 됩니다.

여기서 오해해서는 안 되는 것은 작전주 투자를 단기로 반복한다는 것은 같은 종목의 작전주 매매를 반복하는 것이 아닙니다. 작전주는 1회 폭등하면 급락하는 추세이기에, 같은 작전주를 2회 이상 매매하면 안 됩니다.

A라고 하는 작전주를 매매한다면 다음은 B라고 하는 작전주로 그다음은 C라고 하는 작전주, 또한 그다음은 D라고 하는 작전주……로 다른 종목을 찾아 매매하는 방법입니다.

2장에서 기술한 바와 같이 올바른 투자 행동은 차익실현이 가능한 한 천천히 하는 것이지만, 이것은 상승 추세에서 우량주 투자나 하락 추세의 우량주 공매에 대해서 말할 수 있는 것입니다. 작전주 투자에 대해서는 그 반대로 단기간에 주가의 주가 변동이 상당히 빠르기에 차익실현도 손절매도 가능한 한 빨리해야 하는 것입니다.

작전주 투자는 투자 기간을 가능한 한 짧게 하는 것으로 투자위험을 경감시킬 수 있습니다. 큰 장부상 이익이 생긴다면 망설이지 말고 차익 실현을 하고 장부상 손실이 발생하면 상처가 작을 때 신속하게 손절매 하는 것이 중요합니다.

또한, 작전주를 최고가로 매도할 생각을 하면 안 됩니다. 매도 후에 주가가 더 올라도 괜찮다는 생각으로 "머리와 꼬리는 버리라"라는 격언을 이 살아 있습니다. 이것에 대해서는 2장에서도 기술하고 있으므로 참고 바랍니다.

9

투자금은 어떻게 배분하면 좋은가?

보합 추세라고 확인한 후의 자금 배분은 기본적으로는 작전주의 매수에 자금의 7~8할을 투입하고, 나머지 2~30%은 만일에 대비하여 현금으로 보유하고 있어야 합니다(보합권 투자 적극형).

다소 수익이 떨어져도 좋으니 위험을 줄이고 싶다면 작전주를 50%, 신흥시장의 성장주를 30%, 현금을 2할로 배분하거나(보합권 안정적 적극형), 작전주를 4할 신흥시장의 성장주를 4할, 현금을 2할로 배분(보합권 투자 안정형)하는 방법도 있습니다.

자금 배분의 형태는 매매 기술의 수준에 따라 정하지 않으면 안 됩니다(매매 기술이 아직 미숙하다고 생각하시는 분은 안정형이나 안정적 적극형 투자가 좋을 것이고, 자신이 있다고 하시는 분은 적극형 투자로 도전 바랍니다.

주의할 점은 투자 종목의 분산은 당연하고, 투자손실이 적정선에서 발생할 때 손절매를 빨리하는 것입니다. 상승 추세에서는 우량주는 매수가에서 조금 내려가도 다시 오를 가능성이 있기에 손절매를 일찍 할 필요는 없습니다. 그러나 작전주는 어떠한 추세여서도 폭등하여 한 번의 최고가를 기록한 후 하락하면 두 번 다시 최고가로 돌아가지 않을 가능성이 큽니다.

【표6】 보합권 추세의 자금 배분 방법

구분	작전주	신흥시장 성장주	현금
① 적극형	7할~8할	없음	2할~30%
② 안정적극형	50%	30%	2할
③ 안정형	4할	4할	2할

10

실전테크닉 ① 어떤 종목을 작전세력이 노리는가?

작전세력(특정 세력 자금)은 한정된 자금량으로 주가를 의도적으로 조작하기 때문에 작전주로서 노려지는 종목은 마음대로 움직이기 쉬운 소형주, 중형주가 됩니다.

■ 작전주 타겟 종목 특징

다음 4개의 특징을 모두 갖고 있다면 작전주가 될 가능성이 있습니다.

① 발행 주식 수가 적을 것 : 1억 2천만 주 이하, 5천만 주 이하가 대상이 될 가능성이 크다.

② 부동주가 50% 이하일 것 : 20% 이상 ~ 40% 이하가 대상이 될 가능성이 크다.

③ 자본금이 100억 엔 이하일 것 : 50억 엔 이하가 대상이 될 가능성이 크다.

④ 주가 100엔대에서 500엔대까지의 종목일 것 : 100엔에서 300엔대까지가 대상이 될 가능성이 크다.

다만, 1부, 2부 시장의 종목을 전제로 한 특징으로 1주 단위가 주류인 신흥시장의 종목에는 해당하지 않습니다.

【그림15】 마가라건설 주봉도표 (2005.11.1 ～ 2006.2.28)

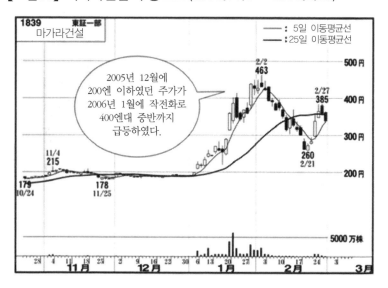

11

실전테크닉 ② 작전주의 매수타이밍

작전주는 주식시황에 맞지 않는 움직임을 할 때가 있습니다. 이는 작전주뿐만 아니라 모든 종목에 해당합니다. 시황과 다른 불합리한 주가의 상승 움직임 연일 계속된다면 불합리한 주가 시세에「무언가 의지를 가진 세력」을 느끼지 않을 수 없습니다. 그 느끼는 반응 속도가 작전주 매매에서 승패를 좌우하는 열쇠가 됩니다.

주가가 오를 재료나 요소가 눈에 띄지 않는데 조금씩 계속하여 상승하거나 조금씩 거래량이 늘어나거나 하면 작전세력이 눈에 띄지 않도록 주식을 사 모으고 있다고 추측할 수 있습니다. 또 아무런 예고도 없이 돌연 주가 상승률 상위에 오르게 되면 작전세력이 한꺼번에 주식을 사 모으고 있다고도 추측할 수 있습니다. 후자의 경우에서는 작전세력의 매수세가 상당히 강력한 것이 됩니다.

작전주의 매수타이밍은 주로 다음의 두 가지가 있습니다.

(1) 주가가 오르기 시작할 때

작전주가 막 오르기 시작한 국면이란 하나는 작전세력의 주가 모집을 완료하여 주가를 폭등시키기 시작하였을 때이고, 다른 하나는 작전세력이 한꺼번에 주식을 사 모으기 시작한 때입니다. 어느 쪽도 차트상에서 대양선이 출현함과 동시에 거래량이 전일과 비교하여 급증하는 특징이 있습니다.

이제 까자 별다른 움직임이 없었던 종목이 돌연 움직임을 보이며 대양선이 출현하였을 때는 매수타이밍입니다. 1회째의 거래액이 폭증한 것은 작전주의 초기 영역입니다.

82~83쪽의 작전주 3종목 차트를 일봉도표로 보면 어떤 종목은 어느 날 돌연 거래량을 급격히 많아지면서 거래금액이 큰 폭으로 급증하면서 시장에 유입되어 주가가 급등으로 출발하고 있습니다. 최초로 큰 폭의 매수액으로 대양선이 출현한 날의 1일 주가 시세 움직임은 전장은 비교적 소극적인 움직임이고 후장부터 급등하는 방식(패턴)이 대부분입니다.

작전주의 효과적인 매수는 거래금액이 큰 폭으로 급증하고 있는 날에 사던가 거래액이 폭증한 다음 날에 일시 하락한 때 사던가 입니다. 그러나 거래액이 폭증한 다음 날은 좀처럼 일시적으로 하락하지 않는 경우가 많기에 하락세가 없어도 적극적으로 매수를 생각하여야 합니다.

■ 동도수산 일봉도표 (2005.2.1 ～ 2005.5.10)

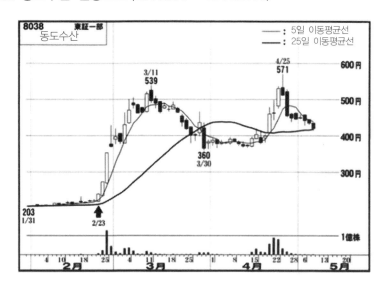

주가의 움직임이 시작한 국면
  차   트 : 2월 23일에 대양선이 출현(종가 239엔, 전일대비 18엔
          상승)
  거래량 : 23배 이상으로 늘어남(2월 22일의 거래량 284천주
          → 2월 23일의 거래량 6744천주)

주가가 천장을 친 1회째의 국면
  차   트 : 3월 10일의 대양선과 3월 11일의 갭상승한 위꼬리 음선의
          조합
  거래량 : 부동주 14775천주에 대해, 3월 10일의 거래량 18248천주 · 3월
          11일의 거래량 11384천주

주가가 천장을 친 2회째의 국면
  차   트 : 4월 22일의 대양선과 익영업일 4월 25일의 긴 위꼬리 음선의
          조합
  거래량 : 부동주 14775천주에 대해, 4월 22일의 거래량 80929천주
          · 4월 25일의 거래량 32954천주

■ 오키전선 일봉도표 (2004.10.21 ~ 2005.1.31)

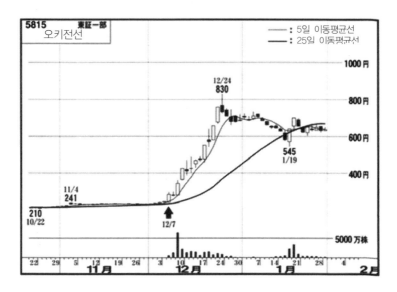

주가가 움직이기 시작한 국면
  차　트 : 12월7일에 대양선이 출현(종가 285엔, 전일대비 40엔 상승)
  거래량 : 33배 이상으로 늘어남(12월6일의 거래량 170천주 → 12월 7일
　　　　　의 거래량 5727천주)

주가가 천장을 친 국면
  차　트 : 12월 22일의 대양선(스톱 금액)과 익영업일 12월 24일의 갭상승
　　　　　한 긴 위꼬리 음선의 조합
  거래량 : 부동주 12906천주에 대해, 12월 22일의 거래량 11384천주 · 12
　　　　　월 24일의 거래량 9138천주

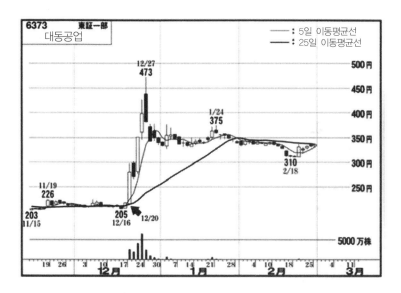

주가의 움직이기 시작한 국면
  차　트 : 12월 20일에 대양선이 출현(종가 280엔, 전일대비 62엔 상
             승)
  거래량 : 112배 이상으로 늘어남(12월 17일의 거래량 229천주 → 12월 20
            일의 거래량 25637천주)

주가가 천장을 친 국면
  차　트 : 12월 22일, 12월 24일으로 2일 연속 대양선(상한가를 포함)과 익영
            업일 12월 27일의 갭상승 한 긴 위꼬리 음선의 조합
  거래량 : 부동주 15316천주에 대해, 12월 24일의 거래량 65341천주·12
            월 27일의 거래량 24377천주

작전주는 움직이기 시작(초기)하였을 때 손절매를 각오하고 매수하는 것이 투자위험을 크게 줄일 수 있습니다. 인간의 심리는 오히려 움직이기 시작한 후, 상당히 높아진 고가에서 뒤따라 사고 싶은 기분이 됩니다. 그러나 이는 필요 이상의 투자위험을 받는 것이 됩니다. 결과가 좋을 때는 몰라도 그와 같은 매수 방법은 언젠가 큰 손실이 되어버릴 것입니다.

작전주 투자는 주가가 저가일 때 적극적으로 매수를 검토하는 것이 투자위험의 불확실성을 줄이는 방법으로 결과적으로 투자위험을 피하는 것과 연결됩니다. 작전주가 초기의 움직임을 보이면 어쨌든 매수를 타진해야 합니다.

(2) 강한 매도세의 매물이 매수될 때

작전주가 초기이라는 것을 알고 있어도 강한 매도세가 있으면 좀처럼 매수할 수 없게 됩니다. 고가의 주가 시세가 무거워서 내려가 버릴까 생각되기 때문입니다. 확실히 가치주에서는 그러한 경향이 현저하게 나타나지만, 작전주에 대해서는 이때가 절호의 매수 시기가 될 가능성이 큽니다.

작전세력은 표적 종목을 저가에 사서 거래량으로 주가를 조금씩 올려 따라붙는 매수자가 있으면 더욱 매수하여 조금씩 주가를 올려 매수자가 차익실현 매도로 매물이 쌓이면 다시 저가에 매수하여 주가를 올리면 이때 더 많은 매수자가 따라붙으며 주가를 올리면 더 매수하여 주가를 상하로 흔들며 매매하여 주가를 급등시킵니다.

작전주는 많은 투자자가 매도하여 저가의 매물이 모일 때 갑자기 매수하면 급등할 가능성은 크므로, 강한 매도세가 있다면 기회라고 생각하고 주시하여야 합니다. 하지만 작전세력과 같이 강한 매도세로 쌓인 매물인 주식을 일반인은 아무리 저가라도 매수하기가 어렵다는 것을 명심하여야 합니다.

작전주로 큰 이익을 얻기 위해서는 작전세력 이외에 정보가 누설되지 않은 단계에서는 주가 변동만으로 작전세력의 매수하는 종목을 추측으로 매수하는 것으로 매수 시점에서는 진짜 작전주인지 어떤지는 아무도 모릅니다. 아무도 모른다고 하는 것은 정보에 의존적인 개인투자자는 좀처럼 매수할 수 없습니다.

일반적으로 개인투자자가 작전주를 초기단계에서 매수 할 수 있다면 그만큼 큰 상승 이익을 얻을 수 있을 것입니다. 작전주 투자는「모르니까 사지 않는다」에서「모르니까 산다」로 발상을 전환할 필요가 있습니다.

12

실전테크닉 ③ 작전주의 매도타이밍

작전세력이 팔고 빠진 후에는 폭락이 기다리고 있습니다. 작전세력의 처지에서 생각한다면 저절로 팔 시기는 좁혀집니다. 매도타이밍에 대해서는 다음의 3가지를 들 수 있습니다.

(1) 작전세력으로부터 정보가 흘러나왔을 때

폭등한 종목의 매스컴 해설에 「유력세력의 개입이 관측되고 있다」고 하는 문구가 종종 보입니다만, 이러한 정보는 상당히 주가가 오른 지점에서 흘러나옵니다. 그와 거의 동시에 인터넷 게시판에서도 작전세력이 개입하고 있지 않은가 하는 글이 많이 보여지게 되어 개인투자자의 주목도도 급속히 높아집니다.

이처럼 여러 곳에서 정보가 나오게 되면 매도타이밍이 가까워졌다고 판단하지 않으면 안 됩니다. 이후 3일 이내에 팔도록 생각하는 것이 좋습니다. 개인투자자의 대량 매수를 유도하고자 작전세력이 정보를 흘리고 있다고 추측할 수 있기 때문입니다.

작전주로 수익을 내기 위해서는 정보가 가장 중요하다고 말합니다만 그것은 잘못된 생각입니다. 개인투자자에게 흘러들어오는 작전주의 정보가 작전세력이 팔고 빠지기 위한 마지막 단계의 정보라는 것은 냉정히 생각해보면 알 수 있을 것입니다. 주식투자에 그런 쉬운 정보는 없습니다.

(2) 차트가 천장을 시사한 때

작전주가 천장을 친 국면에서는 차트의 교과서대로의 봉도표가 상당히 높은 확률로 출현합니다. 차트의 교과서에 종종 등장하는 천장의 신호로는 긴 위꼬리선(양선·음선·십자선), 장대음선, 장대십자선, 장대선 등이 있습니다. 그중에서도 작전주의 천장에서 가장 많은 것이 장대선 입니다. 그것도 긴 위꼬리를 붙인 장대선이 됩니다. 95~97쪽의 작전주 3종목의 차트에서 확인해 봐주세요.

다양한 작전주의 과거 차트나 주가 변동을 검증한 결과 가장 실전적인 매도는 「대양선의 다음날에 개장하여 첫 거래가 시작되면 판다」는 것입니다. 많은 작전주가 대양선을 보인 다음 날 장이 개장되자마자 첫 거래가 시작되면 단기간에 더욱 거래량을 함께 상승시킨 다음 급속히 가격을 무너뜨리는 경향이 있습니다.

그것은 작전주의 천장권 차트 대부분이 「대양선 + 긴 위꼬리 음선」의 조합 패턴을 그리고 있는 것으로부터도 알 수 있습니다. 저절로 고가를 붙이기 쉬운 시간대는 전장 주가 시세에 다가선 직후(몇 시에 접근할지는 다양합니다만)부터 10시 정도까지의 사이가 되는 경우가

많은 것 같습니다.

(3) 거래량이 높은 수준일 때

작전주일수록 거래량이 많을 때 팔아야 합니다. 작전세력이 정보를 흘리든 흘리지 않든 많은 거래량이 연일 계속되면 작전세력은 팔고 빠지는 것을 쉽게 할 수 있기 때문입니다. 작전세력이 팔고 빠진 후는 폭락이 기다리고 있을 뿐이므로, 개인투자자는 그 전에 팔아 버릴 필요가

있습니다.

거래량으로부터 판단하는 기준으로서는 부동주에 가까운 거래량을 처리해 온다면 팔 시기가 가까워졌다고 생각하고 부동주를 초월하는 거래량을 처리해 온다면 상황을 보면서 3일 이내에 파는 것이 좋습니다. 단, 부동주를 초월하는 거래량을 처리하지 않고 주가 시세가 끝나버릴 때도 있어서 부동주에 가까운 거래량을 처리해 온다면 일부는 견실하게 차익실현을 해 두는 것이 좋습니다.

최근 작전주의 이상한 거래량의 배경에는 증권회사의 딜러와 주가 변동이 심한 작전주를 수만 주 단위로 1일에 여러 차례 매매를 반복하는 단타 매매자의 존재가 있습니다. 작전세력이 이미 팔고 빠졌다고 생각되어도, 그 후에 거래량이 줄어들고 있음에도 불구하고 새로운 고가를 가져오는 경우가 있습니다만, 이것은 그들의 영향으로 보아 틀림없을 것입니다. 어쨌든 거래량이 폭증하여 주가가 급등하면 매도해야 합니다. 팔아서 차익실현을 해 두면 틀림없습니다.

13

실전테크닉 ④ 작전주 매매의 위험관리

주식투자에서 위험관리를 확실히 하고 있으면 주가 변동이 심한 작전주도 겁낼 필요가 없습니다. 투자위험관리 방법을 구체적으로 서술하면 다음의 2가지가 있습니다.

(1) 초기 범위를 넘어서면 사지 않는다.

주가가 움직이기 시작한 후 1.3배를 넘은 작전주는 투자위험관리를 위해 사서는 안 됩니다. 최초로 거래금액이 폭등하여 대양선을 보인 날의 전일의 종가에 투자위험 허용 배율 1.3을 곱하여 계산한 주가가 초기 범위의 상한이 됩니다.

이를 적용하여 96~97쪽의 오키전선과 대동공업으로 계산하면 다음과 같이 됩니다. 초기의 상한까지 시세를 한도로 매수해도 좋지만, 가능하다면 그보다도 저가의 시세에 매수할 수 있도록 하여야 합니다.

> **오키전선의 초기 범위**
>
> 대양선을 보인 날은 12월 7일 → 그 전일의 종가는 245엔 → 245엔 × 1.3배 = 318.5엔 → 318엔이 초기의 상한 → 245엔~318엔이 초기의 범위

> **대동공업의 초기 범위**
>
> 대양선을 보인 날은 12월 20일 → 그 전일의 종가는 218엔 → 218엔 × 1.3배 = 283.4엔 → 283엔이 초기의 상한 → 218엔~283엔이 초기의 범위

대양선이 출현한 후 사는 것을 일순간 망설이거나 깨닫는 것이 늦어지거나 하여 초기의 범위를 넘어서 올라 버리는 일이 있습니다. 그때는 매수를 나중으로 미루고 손을 대지 않도록 하는 것입니다. 더욱 올라 버려 조바심이 나는 경우도 때로는 있습니다만, 그것은 투자위험관리를 위한 것이니까 라고 받아들일 수밖에 없습니다. 그러한 정신적인 스트레스를 잘 해소하기 위해서는 「다음의 종목을 노리면 된다」고 편안하게 생각합니다.

또한, 1.3배라고 하는 숫자는 제가 이제까지 시행착오를 반복하여 작전주 투자를 실전해 온 경험을 근거로 정한 투자위험 허용 배율입니다. 숫자적인 근거도 기술적인 근거도 없습니다.

② 손절매는 신속하게 실행한다.

투자위험관리에서 가장 중요한 것이 손절매입니다. 작전주뿐만 아니라, 투자 전반에 있어서 예상에서 벗어난 때의 일을 생각하여 항상 손절매 기준을 정해 둘 필요가 있습니다. 작전주의 손절매 기준은 10%가 적당합니다.

단, 투자금액이 증가하면 「백분율 %」에 의한 손절매만으로는 손실금액이 크기에 「마이너스 ○만엔」과 같은 금액 기준에 의한 손절매 기준도 병용해도 좋습니다. 손실에 버틸 수 있는 허용 범위는 투자자 개개인이 다르기에 투자위험을 어디까지 잡을지 스스로 확실히 정하고 철저하게 그 기준을 지키는 투자위험관리가 필요합니다.

손절매하는 기술은 차익을 실현하는 것보다 중요합니다. 자금 운용을 잘하는 투자자는 프로든 아마추어든 모두 손절매가 능숙합니다.

4장

하락장세에서는
재료주를 중심으로 운용한다.

1

재료주란 무엇인가?

재료주란 주가를 끌어올리는 재료(요소)를 가지고 있는 주식을 말합니다.

주식투자 재료는 여러 가지가 있습니다. ①실적의 상향조정이나 초과 달성이라던가 ②기업의 인수나 합병(M&A) ③사업 수주나 사업제휴라던가 ④신제품·신기술의 개발 등이 있습니다. 이 같은 주가를 올리는 기본적 재료 및 요소 외에도 의도하지는 않은 재료로 ⑤사회적 환경문제(태양열발전, 전기차)나 ⑥천재지변(지진·태풍) 등이 주식투자 재료가 될 수 있습니다.

주식시장에서 기업 재료가 발생하면 그 기업의 주식은 많은 투자자에게 주목받아 인기를 끌게 되는 경향이 있습니다. 재료 그 자체가 기업 주가에 주는 영향력은 물론 보도자료나 언론에서 다루는 형태에 따라 강한 매수세로 주가가 급등하는 경우가 많습니다.

【표7】 주식투자 재료

■ 직접적인 재료
• 사업실적의 상향조정 및 초과 달성, 주식의 분할 및 증자, 기업의 인수·매도·합병, 사업의 제휴, 신제품의 개발, 신기술의 개발, 증권회사의 주가 평가 상향조정, 증권회사의 우량기업보고서

- ■ 간접적인 재료
- 사회 문제에 의한 특수(예 석면 피해 등 건강 문제로 대체제품이 팔린다고 하는 의도로부터 관련주가 팔린다)
- 천재에 의한 특수(예 지진의 피해지에서 가설주택의 수요가 늘어난다고 하는 의도로부터 관련주가 팔린다)

2

대세 하락장세의 기간

16~17쪽의 차트를 보면 A기간에서 주가는 저항선에 가까워질 때마다 억눌려져서 저항선이 눌린 목이 되어 반락하여 반등 추세가 무너져서 하락하고 있습니다. 이 기간을 대세 하락장세(하락 추세) 기간이라고 합니다.

앞장에서도 서술하였지만, 굳이 「대 또는 큰」자를 붙이는 것은 일단 추세가 형성되면 그 추세는 투자자의 예상을 뛰어넘어 오랜 기간 계속되는 경향이 있어, 단기간 소폭의 하락하는 것과는 구별하여야 합니다.

대세 하락장 기간은 짧은 기간이라도 12개월(1년) 정도는 되고 더한 경우에는 2~3년은 하락장세 기간이 지속할 때도 있습니다. 거품경제 붕괴 후의 닛케이 평균주가는 2년 이상 긴 기간의 대세 하락장을 여러 번 경험하였습니다.

2

하락 추세의 중요한 특징

다음의 하락 추세 도표를 봐주세요. 하락 추세는 도표와 같이, 바닥 → 천장 → 바닥 → 천장 → 바닥 → 천장……으로, 추세가 저항선에 억제되면서, 또한 최근의 낮은 주가 시세를 밑으로 돌파하면서 바닥과 천장이 점점 절하되어 갑니다.

2장의 상승 추세의 도표와 비교하면 정반대라는 것을 이해할 수 있다고 생각합니다.

당연히 중요한 특징도 상승 추세와는 정반대로「직전의 바닥의 하나 앞의 바닥이 계속하여 새로운 천장이 되는 한, 하락 추세는 계속된다」고 하는 것이 됩니다. 간단히 말하면「이전보다 낮은 바닥과 낮은 천장을 확인할 수 있는 한, 하락 추세는 계속된다」라고 하는 것입니다.

하락 추세는 직전의 천장의 주가 시세가 저항선이 된다고 생각되기 쉽습니다만, 그것은 잘못된 생각입니다. 직전의 바닥의 하나 앞의 바닥이 저항선이며, 하락 추세가 계속되고 있는지를 판단하기 위해서는, 직전의 바닥의 하나 앞의 바닥의 주가에 가장 주의를 기울여야 합니다.

추세가 계속되고 있는지를 보다 빨리 판단하기 위해서는 먼저 일봉도표를 봅니다. 주봉도표는 일봉도표에서 내린 판단을 보완하기 위해 사용하는 것이 좋습니다.

【그림16】 하락 추세의 올바른 판단

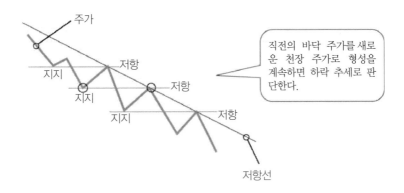

직전의 바닥 주가를 새로운 천장 주가로 형성을 계속하면 하락 추세로 판단한다.

【그림17】 하락 추세의 잘못된 판단

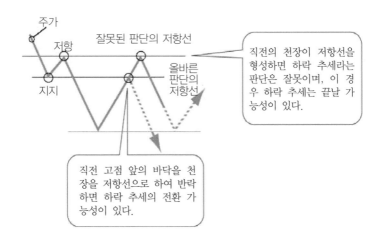

직전의 천장이 저항선을 형성하면 하락 추세라는 판단은 잘못이며, 이 경우 하락 추세는 끝날 가능성이 있다.

직전 고점 앞의 바닥을 천장을 저항선으로 하여 반락하면 하락 추세의 전환 가능성이 있다.

4

대세 하락 추세를 초기에 구별하기

큰 손실을 보지 않기 위해서는 가능한 한 빨리 하락 추세를 구별하여 주식을 매수하지 않는 것입니다. 그러나 하락 추세의 전환을 깨닫지 못하고 상승 과정의 일시적인 하락세라고 판단하여 매수하는 개인투자자가 많은 것이 사실입니다.

대세 하락장세가 시작하면 추세에서 일시적인 하락세 따위가 있을리 없고 주가는 계속 내려가 손실은 순식간에 증가합니다. 손절매가 신속하게 가능한 개인투자자는 괜찮지만, 장부상 손실이 지나치게 많아지면서 장기보유주가 될 때는 이미 늦은 것입니다.

대세 하락장세를 초기에서 구별하는 방법은 실로 간단합니다. 2장에서 설명한 상승 추세를 초기에서 구별하는 판단 방법과 같습니다.

먼저, 큰 추세는 저항선이나 지지선을 돌파하는 움직임이 없으면 다음의 추세는 시작하지 않는다고 하는 것을 이용합니다. 상승 추세도 보합세도 오랫동안 주가의 엉덩이를 지지선으로 받치고 있지만 이 지지선을 주가가 하향 돌파하면 하향 추세로 추세전환을 예고합니다.

또는 주가가 일순 지지선의 아래로 떨어지다가 바로 원래대로 돌아와 종전의 상승 추세나 보합 추세로 지속되는 예도 있으나 이는 차트의 속임수에 불과합니다.

【그림18】 하락 추세로 진입하는 차트 패턴

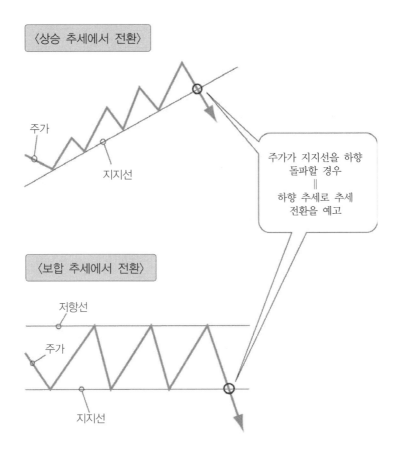

4장 하락장세에서는 재료주를 중심으로 운용한다.

차트의 속임수에 속아 넘어가지 않기 위해서는 다른 하나의 판단 수단으로서 다우이론 「직전의 바닥의 하나 앞의 바닥 지지선이 계속하여 새로운 천장으로 저항선이 되는 한 하락 추세는 계속된다」를 응용합니다.

먼저, 상승 추세로부터 전환의 경우 다음 쪽 [그림19]와 같이 지지선을 돌파하기 직전의 바닥에 해당하는 지지선을 하락하는 주가가 돌파하여 다음의 절정에서는 그곳을 저항선으로 하여 더욱 하락해 가면 하락 추세 진입으로 판단할 수 있습니다.

한편, 보합 추세로부터 전환의 경우는 더욱 간단하고 신속하게 구별할 수 있습니다. 보합 추세가 저가에서 지지 되는 지지선을 형성하고 그 곳을 돌파한 후, 다음의 천장을 나타내는 저항이 이 지지선과 일치한다([그림20]). 즉, 이제까지의 지지선을 위로 돌파하지 못하고 주가가 하락해 간다면 거기서 하락 추세 진입으로 판단할 수 있습니다.

【그림19】 상승 추세에서 하락 추세로 전환을 확인한다.

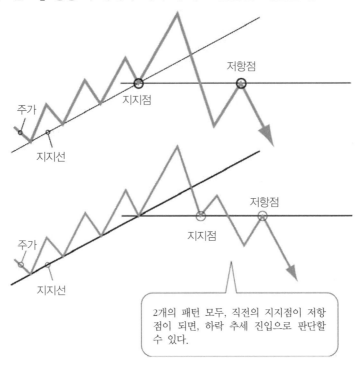

2개의 패턴 모두, 직전의 지지점이 저항점이 되면, 하락 추세 진입으로 판단할 수 있다.

【그림20】 보합 추세에서 하락 추세로 전환을 확인한다.

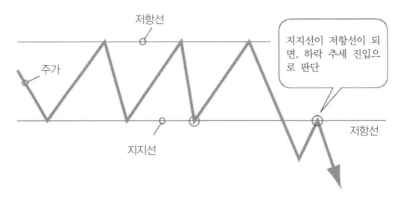

지지선이 저항선이 되면, 하락 추세 진입으로 판단

5

하락 추세의 지속을 확인하기

하락 추세를 초기에 판단할 수 있다면 주식투자에서 큰 손실을 보는 일은 거의 없습니다. 하락 추세에서 재료주를 사거나 우량주를 공매하는 것이 효과적인 투자가 될 수 있습니다.

주식시장에서 하락 추세가 계속되는데 투자자가 일시적인 하락세로 잘못 판단하여 매수하거나 매수에 적정한 주가라고 판단하여 매수하는 것은 주가의 흐름을 무시한 위험한 투자가 됩니다.

하락장세에서 투자 종목의 주가 시세가 2분의 1이나 3분의 1이 되거나 계속된 손실로 투자금을 모두 잃어버린 사례도 드물지 않습니다. 특히 주식투자를 시작한 지 2~3년 된 개인투자자는 급락하는 하락 추세를 전혀 경험하지 않아서 주식투자의 진짜 무서움을 모르기 때문에 조심해야 합니다.

그러한 무서운 경험을 하지 않기 위해서도 하락 추세가 어디까지 지속되는가를 파악하는 것이 중요합니다. 하락 추세의 지속을 확인하기 위해서는 다음의 3가지의 재료 및 요소를 판단하여야 합니다. 3가지 모두 해당하지 않으면 하락 추세가 끝날 가능성이 있으며, 2가지가 해당하지 않으면 하락 추세가 끝났다고 판단 할 수 있습니다.

(1) 저항선에 되밀려지고 있다

닛케이평균 주가차트(일봉도표, 다음 쪽 위)의 주가 시세의 저항선을
봐주세요. 주가가 이 저항선을 상회하지 않는 한은, 하락 추세는 지속
되고 있다고 볼 수 있습니다. 일봉도표뿐만 아니라 주봉도표(다음 쪽
아래)에서도 확인해 보면 될 것입니다.

【그림21】 하락 추세와 저항선

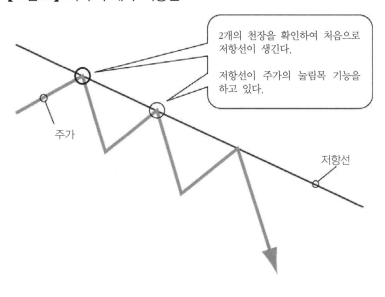

■ 닛케이 평균주가 일봉도표 (2002.6 ～ 2002.9)

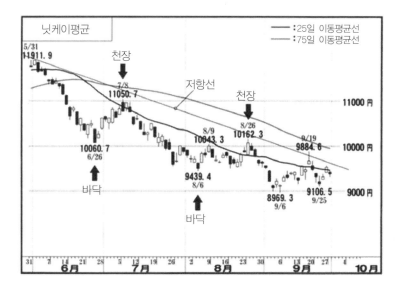

■ 닛케이 평균주가 주봉도표 (2002.4 ～ 2003.7)

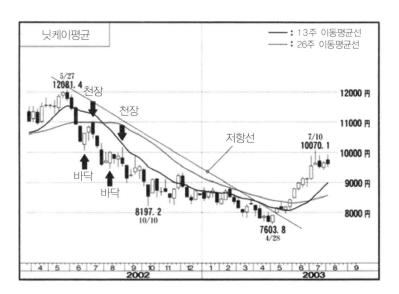

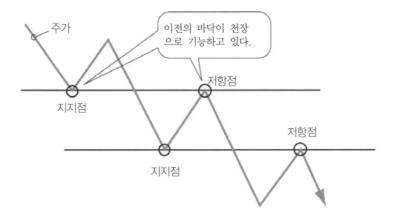

【그림22】 지지선과 저항선을 이용한 하락 추세 확인

주가

이전의 바닥이 천장
으로 기능하고 있다.

저항점

지지점

지지점

저항점

저항선은 적어도 2개의 천장을 연결하는 선이므로 저항선을 그을 수 있게 될 때까지는 통상은 일봉도표에서는 3개월부터 6개월 정도 주봉도표에서는 6개월부터 9개월 정도 걸립니다. 하락 추세는 그 이상의 기간 계속되기에 확실한 저항선을 그릴 때까지는 조급하게 우량주의 공매를 할 필요는 없습니다.

(2) 이전의 바닥이 천장으로서 기능하고 있다.

주가에 있어서는 이전의 바닥이 천장으로서 기능하고 있는 한 즉 주가가 이전의 바닥을 상회하지 않는 한 하락 추세는 계속되고 있다고 볼 수 있습니다.

닛케이 평균주가 일봉도표(117쪽 위)에서 확인하면 6월 26일에 바닥, 7월 8일에 천장, 8월 6일에 바닥, 8월 26일에 천장으로 움직임을 보이고 있습니다. 이전의 6월 26일 바닥이 8월 26일의 천장으로서 기능하고 있으므로 하락 추세는 계속되고 있습니다.

주봉도표(117쪽 아래)에서 같은 기간을 보면 천장도 바닥도 일봉도표보다 알기 어렵습니다. 천장과 바닥을 판단하기 위해서는 주봉도표는 적합하지 않기 때문에 일봉도표를 사용하시기 바랍니다.

(3) 주가가 25일선과 13주선을 상향 돌파하지 않는다.

주가가 25일 이동평균선과 13주 이동평균선을 상향 돌파하느냐 아니냐가 하락세 지속의 판단기준이 됩니다. 주가의 하락장세는 12개월 이상 지속되는 경우가 많아서 때문에 6개월 미만에서는 주가가 25일선이나 13주 이동평균선을 상회해도 바로 추세가 전환하였다고 판단할 수는 없습니다.

하락 추세는 6개월 이상 지난 후 25일선은 상회하였으나 13주 이동평균선을 상회하지 않는 경우 하락세는 지속됩니다. 이 경우는 상술한 (1)과 (2)의 판단재료로 하락 추세의 지속성이 확인된다면 그다지 신경쓸 일은 없습니다.

그러나 13주 이동평균선을 상회하는 시세가 발생하면 주의할 필요가 있습니다. 13주 이동평균선을 1~2주간만 상회하게 되는 것은 차트 속 임수로 종종 있는 일입니다만, 3주간에 걸쳐 상회하게 된다면 추세가 전환하였다고 판단해도 그다지 틀리지 않습니다.

이상의 3가지 판단재료로 하락 추세의 지속을 판단하여 상승 추세나 보합 추세 때와는 다른 방법으로 투자를 하는 것이 가능합니다. 또한, 각 추세의 지속을 확인하기 위해서는 외국인 투자자의 매매 동향도 예측하여야 합니다(5~6장 참조).

【그림23】 이동평균선을 이용한 추세 확인

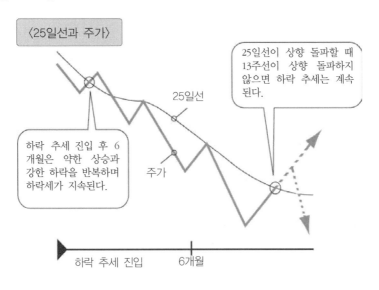

〈25일선과 주가〉

25일선이 상향 돌파할 때 13주선이 상향 돌파하지 않으면 하락 추세는 계속된다.

25일선

하락 추세 진입 후 6개월은 약한 상승과 강한 하락을 반복하며 하락세가 지속된다.

주가

하락 추세 진입   6개월

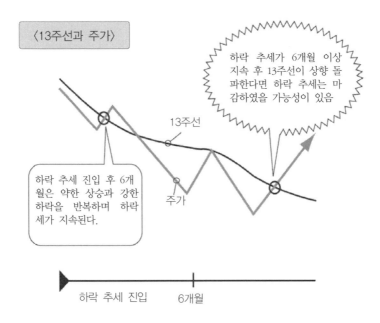

〈13주선과 주가〉

하락 추세가 6개월 이상 지속 후 13주선이 상향 돌파한다면 하락 추세는 마감하였을 가능성이 있음

13주선

하락 추세 진입 후 6개월은 약한 상승과 강한 하락을 반복하며 하락세가 지속된다.

주가

하락 추세 진입   6개월

4장 하락장세에서는 재료주를 중심으로 운용한다.

6

왜 재료주를 중심으로 운용해야 하는가?

거품경제 붕괴 후의 일본 주식은 오랜 기간 하락 추세를 여러 번 경험해 왔습니다. 하락 추세에서 「중장기의 우량주 투자라면 결국 오를 것이다」라고 하는 섣부른 전망으로 사 버리면, 예상 이상으로 오래 계속되는 하락 추세에 심하게 손해를 보게 됩니다. 그 결과 손절매를 할 수 없어서 방치해 버리면 매수가로 좀처럼 돌아가지 않아서 장기보유주가 되어 버립니다.

장기보유주라면 아직 괜찮습니다만, 신용거래를 최대한으로 하고 있거나 하면 투자 자금을 모두 잃고 주식시장에서 철수하지 않으면 파산할 위험도 있습니다. 하락 추세에서의 투자활동은 무서운 것으로 인식하여야 합니다. 주가 시세의 흐름에 결코 거슬러서는 안 됩니다.

다음의 닛케이 평균주가 차트와 대표적인 우량주 3종목의 차트를 보면서 하락 추세의 무서움을 검증해 보겠습니다(상승 추세와 보합 추세와 비교를 위해 2장과 3장의 같은 종목으로 비교).

■ 닛케이 평균주가 주봉도표 (2002.4 ~ 2003.6)

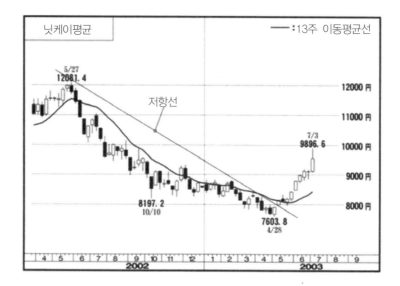

■ 신일본제철 주봉도표 (2002.4 ~ 2003.6)

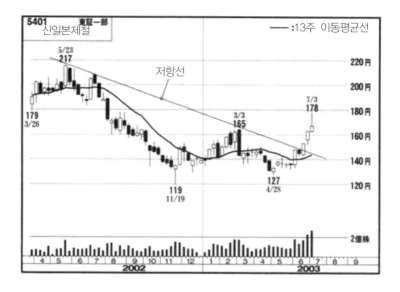

4장 하락장세에서는 재료주를 중심으로 운용한다.

2002년 6월 초부터 2003년 5월 초까지의 하락 추세 기간에서 닛케이 평균주가는 12,000엔에서 7,600엔까지 하락하여 약 0.63배(37% 하락)가 되었습니다. 그러한 한편으로 신일본제철은 고가 213엔에서 저가 119 엔까지 하락하여 약 0.56배(44% 하락)가 되었고, 히타치는 고가 946엔 에서 저가 366엔으로 약 0.39배(61% 하락), 미츠비시도쿄FG는 고가 106만엔에서 저가 351,000엔으로 약 0.33배(67% 하락)가 되었습니다(첨 단기술주인 히타치만은 IT버블의 후유증으로 이 기간 전부터 주가 하 락이 지속되었습니다.).

42쪽의 〈표1〉 닛케이평균과 각 업종의 변동률 비교를 참고하면 알 수 있습니다만, 닛케이평균과 비교하여 변동률이 높은 업종이라면 닛 케이평균의 하락률보다 개별종목의 하락률 쪽이 커질 확률이 높아집니 다. 변동률이 높은 업종에서는 1년이 채 못되어 하락 추세에서 주가가 반 이하가 되는 일도 당연한 것처럼 있습니다.

덧붙여 말하면 이 하락 추세는 2년 이상도 더 거슬러 올라가 2000년 4월 초부터 2003년 5월 초까지의 약 3년간(약 37개월간)이었다고 하는 견해도 있습니다(129쪽의 닛케이평균의 월봉도표 참조). 이 기간은 IT 거품경제 붕괴의 주가 시세와 겹칩니다.

IT 거품경제 붕괴를 포함한 하락 추세에서 보면, 예상 이상으로 길게 계속되는 하락주가 시세의 무서움은 더욱 확실해집니다.

■ 히타치제작소 주봉도표 (2002.4 ~ 2003.6)

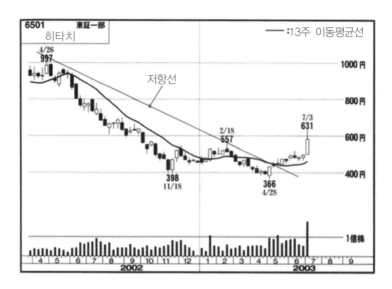

■ 미츠비시도쿄FG 주봉도표 (2002.4 ~ 2003.6)

이 오랜 하락 추세 기간에 있어서 닛케이지수는 20,800엔에서 7,600 엔까지 하락하여 약 0.37배(63% 하락)가 되고, 신일본제철은 고가 270 엔에서 저가 119엔까지 하락하여 약0.44배(56% 하락)가 되었습니다. 히타치는 고가 1,549엔에서 저가 366엔까지 크게 하락하여 약 0.24배 (76% 하락)가 되고, 미츠비시도쿄FG도 고가 135만엔(합병한 2001년 4 월의 고가)에서 저가 351,000엔까지 크게 하락하여 약 0.26배(74% 하 락)가 되었습니다.

이것을 보면 하락 추세가 계속될 때는 우량주를 보유하지 않는 것이 큰 손실을 보지 않는 비결이라는 것을 잘 알 수 있습니다. 닛케이 평균 주가와 우량주의 주가 시세는 연동하고 있는 것입니다.

■ 닛케이 평균주가 월봉도표 (1999.1 ～ 2006.3)

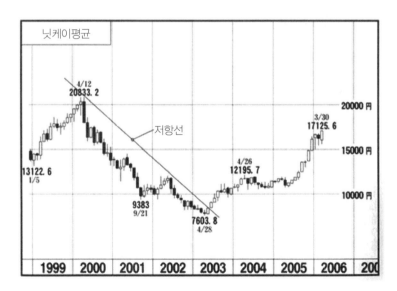

하락 추세에서 투자하는 경우는 물론 우량주뿐만 아니라 어떤 주를 사도 대부분은 손실을 보고, 손실은 계속하여 늘어납니다. 그래서 「하락 추세의 영향을 받지 않는 주식에 투자한다」고 하는 발상이 필요하게 됩니다.

그것은 단도직입적으로 「재료주를 단기간에 매매한다」고 하는 것입니다. 재료주는 추세와 관계없이 시장의 관심을 끌기 쉽습니다만, 특히 하락 추세에서는 자금도 집중하기 쉽고, 단기간에 크게 움직이는 경향이 있습니다. 하락 추세에서는 장부상 손실 있는 투자자가 많고, 우량주의 투자에 별 이익도 없으므로, 재료주의 매수 의욕은 다른 추세 때와 비교하여 상당한 관심을 갖게 됩니다.

다음의 2가지 재료 차트를 봐주세요(재료주는 일봉도표를 보고 매매하는 것이지만, 여기서는 앞의 우량주나 작전주와의 비교를 위해 주봉도표를 사용합니다.).

미츠비시광산은 2003년 4월 18일에 모 증권회사의 증권분석가 보고서를 계기로 돌연 도쿄증시 1부의 매매액과 주가 시세 상승률이 함께 톱이 되었습니다. 또한, 후마키라는 동년 4월 9일에 사스(SARS) 관련주로서 한때 고가까지 매수되어 도쿄증시 2부의 가격상승률 최고가 되었습니다.

양 종목 모두 닛케이평균의 하락 추세가 가장 빡빡한 장면에서의 급등하였습니다만, 자금의 도망치는 발걸음도 빨랐다는 것을 알 수 있습니다. 개인투자자 주체의 매수이므로 언제 천장을 칠지는 예측 불가능합니다. 차트에서 천장을 친 것을 확인하기 전에 세력 좋게 올라가고 있는 지점에서 파는 것이 최적입니다.

미츠이광산 주봉도표 (2002.4 ～ 2003.6)

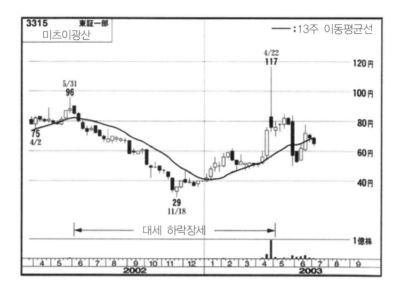

후마키라 주봉도표 (2002.4 ～ 2003.6)

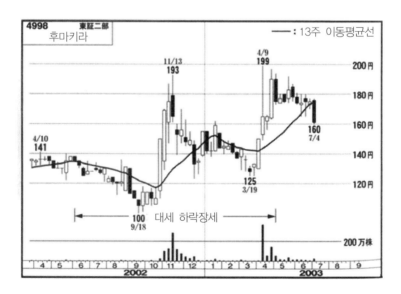

재료주도 중장기에서는 주가 시세 전체의 추세에 좌우되어 버리는 일이 많습니다만, 단기에서는 그다지 추세에 좌우되지 않고 효율적인 이익을 노릴 수 있습니다. 10%~2할 정도의 상승으로 차익실현 한다면, 승률은 높아집니다만, 30% 이상의 이익을 목표로 하면 극단적으로 승률이 떨어져 버립니다.

재료에 따라서는 2배, 3배가 되는 예도 있지만, 최고가에서 파는 것은 무리이므로, 적당한 지점에서 차익실현을 하는 것이 좋습니다. 작전주와 같은 수준의 높은 수익을 노리기보다는, 10%~2할의 수익으로 차익실현을 반복하는 편이 투자금을 보다 안정적으로 운용하여 늘려갑니다.

작전주와 동일하게 주가 변동이 심한 재료주도 매매규칙을 확실히 정하여 매매한다면 작전주와 비교해 투자위험도 적고, 적당한 수익도 낼 수 있습니다.

7

투자 기간은 어느 정도가 좋을까?

하락 추세에서는 주식을 오래 보유하면 할수록 하락 폭 확대에 투자 위험이 커집니다. 하락 추세가 한창일 때에 우량주를 일찍 매수하여 주가가 계속 하락 되는 주가에 괴로워하면서 지켜보는 투자자도 많을 것입니다. 하락장세에 매수한 종목의 주가 낙폭이 너무 커져서 장기보유하기로 하고 주가를 보지 않게 되는 심정도 이해할 수 있습니다.

하락 추세가 계속되면 재료주를 단기로 투자를 반복하여 매매하는 투자 방법이 안정된 이익을 낼 수 있습니다. 이때의 단기란 2주간 이내의 기간을 말합니다.

1일~3일 정도의 투자 기간을 기본으로 하고, 투자한 종목 따라서는 1~2주간 정도의 투자 기간이 될 수 있습니다. 투자 이익은 10%~20%로 정하여 차익실현 투자를 한다면 투자 기간은 2주의 기간이면 충분합니다.

하락장세에서 재료주는 주가를 상승시키는 재료의 출현이 빠르게 알려져 주가를 끌고 가지만, 주가를 하락시키는 재료의 소멸도 빨라서 그에 대응하면서 투자하여야 합니다. 차익실현도 손절매도 신속하게 판단하여 행동으로 옮기는 것이 중요합니다.

8

투자금 배분은 어떻게 하면 좋을까?

상승장세에서는 주가가 하락해도 끈질기게 우량주를 보유하는 것으로 원금 손실을 방어할 수 있습니다. 그러나 하락장세에서의 매수 주식의 매도시기를 놓쳐 장기 보유하게 되면, 투자 운용자금의 현금 축소를 의미하게 됩니다. 그러므로 주식투자 운용자금의 배분이 매우 중요합니다.

주가 하락 추세에서 주식매수는 투자금의 관리에 상당한 위험이 따릅니다. 그러므로 하락장세에서 투자 운용자금의 배분은 주식매수금 비율을 30% 이하로 배분해야 합니다.

기본적으로는 하락장세에 주식 매수자금은 총투자 운용자금의 30% 이내로 해야 합니다. 투자 운용자금 총액의 7할은 현금으로 운용해야 안정적인 투자금 배분 방법입니다(하락 추세 안정형).

【표8】 하락장세의 투자금 배분 방법

구분	재료주의 매수	현금
① 안정형	30%	7할
③ 적극형	30%	7할

어느 쪽의 자금 배분을 취할까는 매매 기술의 수준은 관계없습니다. 안정형이든 적극형이든 어느 쪽도 좋으므로, 자신의 방법에 맞는 쪽을

선택해 주십시오.

주의점으로는 다른 추세 때와 동일하게 종목의 분산을 유의하는 것입니다. 또한, 재료주의 매수에 대해서는 손절매를 빨리하는 것도 잊어서는 안 됩니다.

주가 시세가 상승 추세 때에 1,000만엔의 이익을 내도 하락 추세 시에 1,000만엔의 손실을 낸다면, 이제까지의 주식투자의 의미가 없어져 버립니다. 하락 추세에서는 「많이 벌자」고 생각하지 말고 「조금씩 벌면 된다」고 하는 생각으로 전환하고 포지션(position)도 적게 하여 운용하는 겸허함이 요구됩니다.

│참고│ 포지션(position)

금융시장에서 금융상품의 시세 변동에 대처하는 행태(행위와 상태)를 가리키는 용어다.

- 매도포지션(short position) : 보유한 주식 등의 매도를 결정한 상태, 또는 매도한 수량이 매수한 수량을 초과한 상태
- 매수포지션(long position) : 주식 등을 매수하여 보유하고 있는 상태. 또는 매수한 수량이 매도한 수량을 초과한 상태

9

실전테크닉 ① 재료주의 매수타이밍

재료주는 단기매매를 하는 개인투자자를 중심으로 많이 합니다. 대부분은 재료가 나온 직후에 개인투자자의 매수가 집중하여 단기간에 급등합니다만, 주가의 상승이 멈추자마자 차익실현이나 손절매의 매도가 순식간에 나와 자금이 잽싸게 도망쳐 버린다고 하는 특징이 있습니다. 우량주를 관리하기 어려운 하락 추세나 물색이 어려운 상태일 때 자금이 과잉으로 집중되기 쉽고 상상할 수 없을 정도의 주가시세 상승을 보이는 때도 있습니다.

때문에, 이 책에서는 하락 추세 시에 재료주 중심의 운용을 하도록 설명하고 있습니다. 그러나 상승 추세나 보합 추세 시에도 재료주 투자는 단기간에 이익을 얻을 수 있습니다. 단지, 하락 추세 시와 비교하여 수익률이 떨어지고 위험이 늘어나는 것을 생각하고 매매하여야 합니다.

특히 상승 추세 시에는 전업투자자와 같은 감각으로 매매가 가능한 환경이 아니면 재료주 투자는 어려울 수 있습니다. 하락 추세에서 재료주의 매매는 추세마다 복잡하고 다양한 패턴이 있습니다. 하락장세에서 가장 투자위험이 적은 투자 방법에 대하여 설명하려 합니다.

먼저, 재료주의 매수에 대해서는 그 재료가 되는 정보를 빨리 입수하는 것이 가능하다면 유리한 매매를 할 수 있습니다. 정확한 재료의 정보가 승패를 좌우하게 됩니다. 현재는 인터넷 증권정보의 보급으로 기관투자자와 개인투자자 사이의 정보전달의 차이는 거의 없어졌습니다.

그것은 재료 정보를 빠르게 확인한 후에 바로 매수를 할 수 있는 투자자가 압도적으로 유리하게 됩니다. 시장에서 재료주의 주가 상승 요소가 조금은 부족한 재료라도 주가가 폭등하는 경우가 많으므로, 그 재료가 주가에 어느 정도의 영향을 주는지를 분석하는 것은 그다지 중요하지 않습니다. 주가 자체가 움직이는지 어떤지 단기 자금이 흘러 들어오는지 어떤지 개인투자자가 달라붙는지 어떤지가 훨씬 중요합니다.

구체적으로는 장 중에 재료의 발표가 있다면 당일의 주가가 전일의 종가에서 10% 이내 시세가 상승하고 있으면, 망설이지 말고 매수하는 것입니다. 당일에 움직임이 없다면 다음날에 사도 상관없습니다. 또, 마지막 거래 후에 재료의 발표가 있다면 다음날은 전일의 종가에서 10% 이내 상승 시세까지는 매수해도 좋습니다.

그러나 10%를 초과하는 지정가 매수는 안 됩니다. 아침부터 첫 매매가 성립되지 않고 상한가 수준으로 사는 결과가 되어 버리는 일도 있고, 그만큼 고가로 사면 투자위험이 커지게 버립니다. 10% 오름 이내로 성립된다면 사고 그 이상으로 성립되어 매수지정가격까지 돌아오지 않는다면 미루게 됩니다. 결코 고가에서 덤벼드는 일은 해서는 안 됩니다.

사전에 10% 이내의 시세로 매수 주문예약을 하면 주가의 변동에 망설이지 않고 기계적으로 매수하므로 대처할 수 있습니다. 매수하였다면 10% 정도 이익에 매도를 생각하면 될 것이고, 상승하는 재료주를 매수하지 못하였다면 다른 재료주를 찾으면 좋을 것입니다. 주가를 움직이는 재료는 매일 매일 나오므로 새로운 재료에 주목하면서 새로운 재료를 가진 종목의 물색하여 매수 시기를 찾아간다고 하는 것이 기본적인 방법이 됩니다.

다음은 닛케이 평균주가가 하락 추세의 밑바닥이었던 2003년 봄의 3종목의 차트를 봐주세요.

▨ 미츠이광산 일봉도표 (2003.4.1 ~ 2003.6.30)

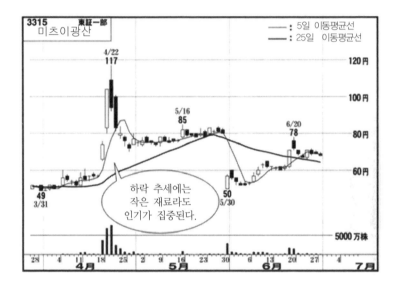

미츠이광산은 4월 18일에 모 증권회사의 애널리스트 분석보고서에서 투자 판단이 강세로 된 것을 받아 개인투자자의 매수가 쇄도하여 대폭등을 연출하였습니다. 4월 17일에 57엔(거래량 1087천주)이었던 주가는, 4월 18일에는 74엔(거래량 37306천주), 4월21일에는 104엔(거래량 67555천주)으로 겨우 2영업일로 2배 가까이 되었습니다. 이와 같이 주가가 크게 움직이는 경우에서는 도중에서 재료 그 자체보다도 주가 변동 자체가 재료시 되어, 단기자금을 중심으로 매수가 매수를 부르는 전개가 됩니다.

■ 스미토모석회광업 일봉도표 (2003.4.1 ~ 2003.6.30)

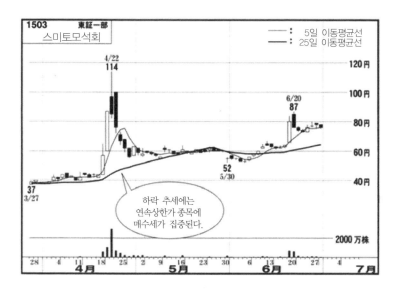

주가 시세 전체가 밑바닥에서 벽에 부딪힌 느낌이 있을 때는 연상(연속상한가) 시점이라도 극단적으로 매수하는 경향이 있습니다. 이때에는 미츠이광산의 연상(연속상한가)에서 인기가 비화하고, 스미토모석회광업도 폭등하였습니다. 이러한 주가의 흐름이 되면 당연히 2마리째, 3마리째의 미꾸라지를 노리는 움직임이 생깁니다.

이후 2~3개월 정도는 이 증권회사의 분석보고서가 시장에서도 주목받아 언급되는 종목의 다수가 단기간에 크게 상승하였습니다. 이는 어떤 추세에 대한 적정한 대처가 아니라, 그때의 주가 시세의 선호에 부합한 결과입니다. 이것이 만일 상승 추세 안에서 이야기라면 시장에서는 전혀 주목받지 못하거나, 1일 혹은 반나절 정도로 끝날 가능성이 크지는 않았을까요?

■ 후마키라 일봉도표 (2003.4.1 ～ 2003.6.30)

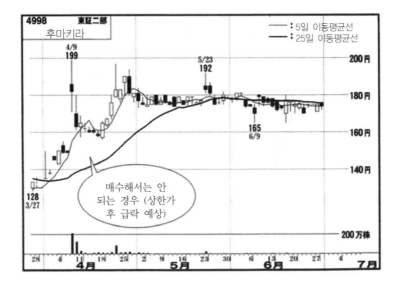

후마키라는 4월 9일에 한때 상한가가 되는 50엔 정도까지 상승하였습니다. 사스(SARS 중증급성호흡기증후군)의 감염경로로서 바퀴벌레의 가능성이 있다고 홍콩에서 보도된 것을 근거로, 규모가 큰 살충제 기업으로서 재료가 호재로 매수하였습니다.

그러나 차트를 봐도 알 수 있듯이 그 이후 시기에 매수는 전혀 없었습니다. 4월 8일의 종가 149엔에서 다음날인 4월 9일은 전일 종가를 시작가로 시작하여, 첫 거래 주가는 고가 186엔, 저가 171엔이었습니다. 지정 매수 예약을 하면 고가권에서 매수가 되어 결과적으로 손절매가 되어 버렸습니다. 10% 상승에 164엔까지로 살 수 없기에 매수는 하지 않는 것이 올바른 판단이 됩니다.

재료주는 오르고 있을 때가 절정기이고 특히 주가 변동이 클 때는 유통기한은 짧다고 생각하여야 합니다.

앞의 3개의 종목과는 달리 2004년 가을의 닛세이빌드는 보합 추세에서 폭등이었습니다. 니이카타추에츠 지진(10월 23일)이 발생하여 가설주택의 수요가 증가할 것이라는 예측의 관련주로서 매수 종목이 되었습니다. 지진이 발생한 후 4영업일째인 10월 28일에 처음으로 주가가 움직이기 시작하여, 그 후 3영업일로 2배 이상의 주가가 되었습니다. 같은 관련주인 중앙빌드공업도 10월 28일부터 동일한 3영업일로 2배 이상이 되었습니다. 직접적인 재료는 주가는 신속하게 반응합니다만, 예측에 대한 재료는 조금 시간을 두고 주가가 움직입니다.

■ 닛세이빌드 일봉도표 (2004.10.1 ~ 2004.12.31)

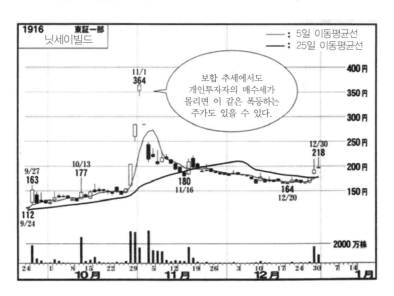

재료주는 총체적으로는 단기 급등형이 많고 설명이 어려운 수준까지 매수되는 일도 있습니다만, 어찌 되었든 빠져나오는 것이 늦으면 손을 대지 말고 조용히 관망합니다. 개인투자자들의 욕심이 지나치면 미츠

이광산이나 닛세이빌드의 주가 상승이 어디서 멈출지는 누구도 알 수 없습니다.

주의해 주었으면 하는 것은 기업실적의 상향조정이나, 평가액의 인상 등의 직접적인 재료가 사전에 노출되어 있어, 재료발표 전에 주가가 상승하고 있는 경우입니다. 이는 직전의 차트나 거래량으로 판단할 수밖에 없습니다.

만일 사전에 주가가 상승하고 있다면 사내 정보를 쥐고 있는 투자자가 선매하고 있을 가능성이 있습니다. 이러한 경우는 재료발표와 동시에 재료주를 모두 팔아버리는 일도 있습니다. 의도적인 재료의 경우는 정보의 누설 자체가 존재하지 않기 때문에 그와 같은 걱정은 할 필요가 없습니다.

10

실전테크닉 ② 재료주의 매도타이밍

재료주를 매도할 시점은 우량주나 작전주와 비교해 상당히 어렵습니다. 투기와도 같은 개인투자자의 매수세에 제대로 올라타는 것이 중요합니다만, 그 추세가 어디까지 계속될지는 아무도 모릅니다.

추세가 멈추면 주가 시세의 하락세도 빠르고 장부상 이익이 많이 있다고 생각하여 우유부단하면, 하락 신호 시점에서 30분이나 1시간도 지나지 않아 주가가 급락하여 장부상 손해를 보는 경험을 한 개인투자자도 많을 것입니다. 최고가로 팔려고 생각해서는 안 됩니다. 세력 좋게 오르는 중에 팔도록 합니다.

4장 9에서 설명한 4개의 종목 차트를 보면 개인투자자의 단기 주가 시세 폭을 노린 매수의 움직임이 멈추면, 얼마나 자금이 빠르게 빠져나가는지 이해할 수 있습니다. 주가 변동이 지나치게 급격한 때에는 1~3일의 승부라는 것을 기억해 두십시오. 길어도 3일 이상은 끌지 않도록 합시다. 또, 주가 변동이 비교적 완만한 때에도 길어도 1~2주간 정도에서 팔아 주십시오.

10% 가까이 높은 지점에서 샀다고 해도, 10%~20% 더 오른 지점에서 판다면 충분합니다. 어쨌든 빨리 올라타고 빨리 내리는 것에 철저한 것이 제일 확실한 방법입니다. 10%~20%의 차익실현으로 만족할 수 있다면 승률은 상당히 높아집니다. 이것을 30%~50%의 이익을 바라게 된다

면 보유기간이 길어질 뿐만 아니라 승률이 상당히 떨어져 버려 자금 회전도 어려워지게 되어 버립니다. 또한, 팔 시기는 자신의 매수가를 기준으로 생각하는 것이 아니라 폭등하기 전의 종가를 기준으로 생각합니다.

매도에서 가장 중요한 것은 실패하면 신속하게 손절매를 하는 것입니다. 설령 매수 한 날이어도 매수가보다 5% 하락한다면 자동으로 손절매해야 합니다. 장부상 손실을 끌어안고 주가가 회복하기를 기다리기보다도 새로운 재료주를 사는 것이 경험적으로 투자 효율이 높아집니다.

재료주는 대부분 이상 현상으로 끝납니다. 냉정하게 보면 실적에 기여한다고는 도저히 생각할 수 없는 재료라도 시장은 과잉 호재로 반응합니다. 이익을 내는 개인투자자가 되기 위해서는 이러한 상황을 보거나 경험하면서 벌고 싶은 욕망과 투자위험관리에서 갈등을 조정할 수 있어야 합니다.

또한, 여기의 매수가의 상한이나 손절매의 기준은 어디까지나 하락장세에서입니다. 상승장세나 보합장세에서 이 기준을 그대로 적용하는 것은 피해 주십시오.

5장

외국인 투자자를 보면
추세가 보인다.

1

주가는 외국인 투자자가 사면 오르고 팔면 내린다.

「닛케이 평균주가는 2003년 4월에 거품경제 후 최저가 7,603엔에서 왜 크게 상승하였을까요?」이 질문에 대해 「기업실적이나 경기가 회복에 대한 전망 때문」이라고 설명하곤 합니다. 그러나 정답은 외국인 투자자가 일본 주식을 샀기 때문입니다. 외국인 투자자란 유럽과 미주의 투자신탁(펀드)이나 연기금, 중동의 오일머니oil money[10] 등을 가리킵니다.

이제까지 일본 시장에서 외국인의 매매점유율은 낮고 그다지 영향도 없었습니다만, 금융기관이나 투자회사의 보유주식이나 연금의 점유율이 계속하여 줄어든 것에 의해 외국인의 존재가 부상하였기 때문에 외국인이 주도하는 시황으로 변하였다고 생각됩니다.

지금은 외국인 투자자가 본격적으로 매수하기 시작하면 일본 주식을 크게 상승시키는 것은 간단한 일입니다. 2005년의 연간 매매대금 점유율은 외국인이 49.3%이어서 개인 38.0%, 법인 15.4%를 크게 상회하였습니다(1991년은 법인이 50.9%, 개인이 30.9%, 외국인이 18.1%). 일본 주식의 동향은 외국인이 좌우하고 있다고 해도 과언이 아닙니다.

---

10) 중동 산유국의 석유 수출 대금으로 받은 달러

다음의 (표9) (표10)을 보아주십시오. 이 표는 3시장(도쿄·오사카·나고야)에서 투자주체별 (개인·법인·외국인 등) 순매수액·순매도액을 월별로 나타낸 것입니다.

【표9】 월간 3시장 투자주체별 거래실적 (2001.11 ~ 2003.8)

기간	개인			법인				외국인	자기매매 11)
	현금거래	신용거래	합계	금융기관	사업법인등	투신	합계		
2002년 11월	▲4338	▲1134	▲5472	2321	746	▲420	2646	1644	3234
12월	▲4356	753	▲3602	1601	1598	8	3208	311	835
2003년 1월	▲128	245	116	▲3344	1226	151	▲1966	4522	▲2172
2월	▲402	745	342	▲3727	1405	▲10	▲2332	▲135	1979
3월	▲621	▲161	▲483	▲1688	1688	▲174	▲175	▲2383	3256
4월	853	905	1758	▲1190	680	▲255	▲766	516	▲2154
5월	▲2080	▲242	▲2322	▲5149	178	▲533	▲5504	8668	▲39
6월	▲3083	253	▲2829	▲6560	▲391	▲681	▲7633	10843	465
7월	▲2875	2022	▲852	▲11857	▲360	▲1270	▲13488	16898	▲2264
8월	▲4120	515	▲3605	9588	▲88	▲540	▲10217	142660	▲107

※ 종합증권베이스 1부2부합계, 단위: 억엔, ▲순매도

(표9)를 간단히 정리하면 다음 사항을 알 수 있습니다.

2003년 5월부터 외국인 순매수액이 큰 폭으로 증가하고 있다. 6월부터 8월까지의 3개월간은 1조엔 이상의 순매수를 계속하고 있다. 한편으로 개인투자자나 법인 등인 개인투자자는 같은 시기에 큰 폭으로 순매도를 계속하고 있다. 특히 금융기관을 중심으로 한 법인의 순매도액이 7월부터 8월에 걸쳐 1조엔을 넘고 있다.

---

11) 자기매매(self account transaction) 증권회사가 보유한 고유의 자금으로 유가증권을 사고팔아 수익을 내는 것을 말한다.

【표10】 월간 3시장 투자주체별 거래실적 (2005.4 ～ 2006.1)

기간	개인			법인				외국인	자기매매
	현금거래	신용거래	합계	금융기관	사업법인등	투신	합계		
2005년 4월	1023	1969	2993	▲1698	1565	1826	1693	921	▲6432
5월	▲1338	236	▲1074	2060	1370	716	4147	1324	▲4254
6월	▲8064	▲533	▲8598	259	833	573	1665	824	6992
7월	▲7413	▲116	▲7530	▲3574	367	▲115	▲3322	11134	701
8월	▲13410	1380	▲12030	▲8745	▲878	▲25	▲9649	19624	3803
9월	▲9186	2734	▲6451	▲4210	▲602	▲954	▲5766	15154	▲1689
10월	▲4231	5392	1161	▲11170	4765	801	▲5603	10632	▲6007
11월	▲15089	5968	▲9121	▲6727	1316	3752	▲1658	16445	▲4541
12월	▲4770	9227	4457	▲7447	3390	2194	▲1862	3830	▲6879
2006년 1월	1370	4773	6144	▲6516	717	1820	▲3979	6538	▲10144

※ 종합증권베이스 1부2부 합계, 단위: 억엔, ▲순매도

(표10)을 간단하게 정리하면 다음 사항을 알 수 있습니다.

2005년 7월부터 외국인 순매수액이 다시 큰 폭으로 증가하고 있다. 7월부터 11월까지의 5개월 연속으로 1조엔 이상의 순매수를 하고 있으며, 특히 8월은 과거 최고의 순매수액 1조 9천억 엔을 기록하고 있다. 한편으로 개인투자자는 같은 시기에 순매도를 계속하고 있으며, 8월에는 개인의 순매도액이 과거 최고인 1조2천 엔에 달하고 있다.

다음으로 아래 닛케이 평균주가의 월봉도표를 보면, 2003년 5월부터 제1파의 상승 추세가 2005년 8월부터 제2파의 상승 추세가 각각 시작하고 있습니다. 즉, 외국인 순매도액이 급격히 증가하는 것과 상승 추세의 시작이 완벽하게 겹치고 있습니다.

이 같은 것을 보면 「일본 주식은 외국인이 사면 오른다」는 것이 증명한다고 생각합니다.

■■ 닛케이 평균주가 월봉도표 (2002.1 ~ 2006.3)

「주식은 싼 지점에서 사서 비싼 지점에서 판다」는 것이 기본이지만, 개인투자자는 언제나 싼 지점에서 팔아버리게 됩니다. 모처럼 상승 추세가 막 시작되었는데, 왜 매수가 아닌 매도로 가 버리는 것일까요? 그 것은 많은 투자자가 눈앞의 작은 이익에 지나치게 집착한 나머지 조금 오른 지점에서 당황하여 차익실현을 해 버리기 때문입니다.

개인투자자도 프로라고 하는 금융기관도 그다지 차이가 없는 것은 투자주체별 거래실적을 보면 명백하고 투자신탁이나 신탁은행을 통하여 운용해도 그다지 자금이 늘지 않는 이유도 이것으로 알 수 있습니다.

주가가 크게 상승한 2003년~2005년의 3년간의 투자주체별 거래실적에서는 개인과 금융기관이 3년 연속으로 큰 폭으로 순매도 한 것에 대해, 외국인은 3년 연속으로 국내 세력의 매도를 흡수하는 대폭적인 순매수를 하여 특히 2005년에는 순매수액이 처음으로 10조엔 초과를 기록하였습니다(표11 참조).

외국인이 매수하면 주가의 상승 추세가 시작하는 국면에서 개인투자자는 매도하는 구도가 뚜렷하게 나타나면서, 수익을 내는 것은 외국인, 손해 보는 것은 개인투자자라고 해도 과언이 아닙니다. 투자자로서 성장하기 위해서는 외국인 투자자의 투자 동향과 매매 시점을 파악하여 투자에 임하는 것이 중요합니다. 외국인과 같은 매수 시점에서 사고 매도 시점에서 팔면 큰 손실을 줄이고 이익을 낼 수 있어 주식투자자산을 늘릴 수 있습니다.

〈표11〉 연간의 3시장 투자주체별 거래실적 (2003년~2005년)

	개인			법인				외국인	자기매매
	현금거래	신용거래	합계	금융기관	사업법인등	투신	합계		
2003년	▲25195	8675	▲16520	▲69920	995	▲1416	▲70341	82134	8063
2004년	▲47782	11055	▲36726	▲51579	▲2323	4636	▲49266	76522	15353
2005년	▲73673	33717	▲39955	▲59466	11785	7553	▲40127	113218	▲17482

※ 종합금융베이스, 1,2부 합계, 단위:억 엔, ▲은 순매도

2

외국인 투자자는 모든 악재가 나온 시점에 산다.

주식투자에서 큰 이익을 얻기 위해서는 상승 추세의 초기에서 사는 것이 필수라는 것을 강조하고 반복하였습니다. 그 상승 추세를 만들어 내는 투자 주체가 외국인이라는 것도 5장 1에서 말하였습니다. 즉, 외국인이 대폭으로 순매수를 시작하는 패턴을 이해할 수 있다면, 다른 개인투자자나 기관투자자보다도 유리한 매매가 가능하게 됩니다.

외국인이 매수하는 패턴(pattern)이라고 해도 실은 간단한 것입니다. 「외국인은 악재료가 모두 나온 곳에서 산다」고 기억해 두면 되기 때문입니다. 실사례를 소개하는 것이 이해하기 쉬울 것이므로 외국인 매수에 의해 상승 추세가 시작된 전형적인 사례를 보겠습니다.

(1) 이라크전쟁 개전으로 다우지수가 상승세가 시작된다.

미국의 다우평균주가는 2002년 초부터 하락 추세가 계속되고 있었습니다. 2002년 말에는 9,000달러 가까이 회복하였지만, 이라크전쟁이 시작되는 것 아니냐 하는 걱정으로 2003년 초부터 다시 하락하여 7,000달러대 중반까지 팔리고 있었습니다. 이대로 전쟁이 시작되면, 주가 하락에 더욱 박차가 가해질 것으로 많은 개인투자자 평론가나 애널리스트가 예상하였습니다.

그러나 막상 이라크전쟁이 개전하자 개전 당일(2003년 3월 19일)의 주가는 모든 악재료가 나왔다고 받아들여져 급등하였습니다. 주가는 개전을 신호로 바닥에서 반전하여 그 후도 상승을 계속하여 7000달러대 중반에서 2003년 말에는 1만 500달러를 넘는 수준까지 회복하였습니다. 개전이 상승 추세의 계기가 된 것입니다.

■ 뉴욕다우지수 월봉도표 (2001.1 ~ 2005.12)

5장 외국인 투자자를 보면 추세가 보인다.

(2) 리소나은행의 국유화로 외국인의 주식매수가 시작되다.

닛케이 평균주가는 2003년 4월 말에 거품경제 붕괴 후의 최저가 7,603엔을 매겼습니다. 당시는 경기가 회복할 만한 지표는 아무것도 나오지 않았고 그 징후조차도 보이지 않았습니다. 경제분석가도 이제부터 일본 경제는 더욱 악화한다는 예측이 대세여서 모두 비관하는 상태였습니다.

그런데 갑자기 5월에 리소나은행의 국유화가 결정되었습니다. 시장에서는 대규모 도시 은행의 파탄이 관측되고 있었고,「드디어 악재가 나왔는가?」하는 것이었습니다. 그러나 리소나은행의 국유화를 모든 악재가 다 나왔다고 보고 외국인 투자자는 일본 주식을 대량으로 매수하기 시작하였습니다.「여기까지가 일본 경제의 밑바닥일 것이다」라고 하는 판단으로 매수하였겠지요.

당시의 닛케이 신문의 주식란의 지표를 확인하면 닛케이평균 225종목의 평균 PER은 100배를 넘고 있었습니다. 2006년 2월 말로 평균 PER은 20배가 조금 넘었으므로, 당시에 얼마나 기업실적이 나빴는지를 알 수 있습니다(다음 쪽의 [자료1] 참조). 외국인에게 1년 앞, 2년 앞을 내다보는 능력이 있는가 없는가는 별도로 하고 그들이 상승 추세를 연출한 것은 틀림없습니다.

【자료1】 2003년 4월과 2006년 2월의 PER

도쿄증권거래소 · 자스닥의 시가 총액 · 이율 · PER · PBR (연결베이스)					
◇ 시가총액(억 엔, 백만주)			◇ 주가수익률(PER, 배)		
	①	②		전기기준	예상
도쿄증권거래소	2291923	43265	①225종	-	109.09
상장주식수	311031	13624	①300	-	68.68
발행완료 주식수	317011	13658	①500종	-	52.58
1주당 시가(엔)	722.97	316.76	①전종목	-	53.69
자스닥	77952		②전종목	202.64	21.09
◇ 평균배당이율(%,매매단위환산)			자스닥	37.73	19.36
	전기기준	예상	◇ 주식이익률(%)		
①225종	1.19	1.25	①전종목	-0.41	1.88
①300	1.33	1.36	◇ 순자산배율(PER, 배, 전기기준)		
①전종목	1.40	1.44	①225종	1.29	
동(가중)	1.16	1.24	①300	1.26	
②전종목	2.09	2.11	①500종	1.27	
동(가중)	1.84	1.88	①전종목	1.20	
자스닥	2.05	2.11	②전종목	0.67	
			자스닥	1.14	

(출처) 일본경제신문 2003년 4월 29일(금) 조간

도쿄증권거래소 · 자스닥의 시가 총액 · 이율 · PER · PBR					
					(연결베이스)
◇ 시가총액 (억 엔, 백만주, 보통주식수 베이스)			◇ 주가수익률(PER, 배)		
	①	②		전기기준	예상
도쿄증권거래소	5319006	102089	①225종	29.61	22.46
상장주식수	323000	13394	①300	28.51	22.25
발행완료 주식수	328831	13677	①500종	31.38	22.03
1주당 시가(엔)	1644.92	761.84	①전종목	31.23	23.08
자스닥	180404		②전종목	89.12	25.47
◇ 순자산배율(PER, 배, 전기기준)			자스닥	50.69	41.93
①225종	2.50		◇ 주식이익률(%)		
①300	2.39		①전종목	3.20	4.33
①500종	2.44		◇ 평균배당이율(%, 매매단위환산)		
①전종목	2.31			전기기준	예상
②전종목	1.84		①225종	0.78	0.89
자스닥	2.43		①300	0.87	0.97
			①전종목	0.91	0.98
			동(가중)	0.80	0.94
			②전종목	1.03	1.08
			동(가중)	0.84	0.97
			자스닥	1.13	1.14

(출처) 일본경제신문 2006년 2월 28일(금) 조간

(3) 중의원 해산으로 외국인의 최고의 순매수가 시작되다.

닛케이 평균주가는 2005년 8월 3일에는 보합 추세의 상한권 11,981 엔이었습니다만, 우정민영화법안의 부결 가능성이 높아진 것을 받아 중의원 해산을 예측하여 그 후 2일 동안 200엔 이상 하락하였습니다.

「정치의 공백이 싫어 외국인은 판다」라던가 「자민당이 질 것이니 주가는 폭락할 것이다」라고 하는 그럴듯한 예측이 시장을 크게 지배하였습니다.

【표12】 2005년 8월 중의원 해산 전·후의 닛케이 평균주가 추이

(단위:엔)

기간	시작가	고가	저가	종가
2005년 8월 1일	11,907.42	11,972.84	11,906.04	11,946.92
8월 2일	11,954.23	11,982.20	11,920.88	11,940.20
8월 3일	11,987.98	12,009.56	11,950.31	11,981.80
8월 4일	11,945.14	11,945.14	11,823.20	11,883.31
8월 5일	11,842.16	11,863.39	11,724.61	11,766.48
8월 8일	11,670.71	11,794.84	11,614.71	11,778.98
8월 9일	11,797.33	11,958.07	11,797.33	11,900.32
8월10일	11,996.29	12,138.71	11,991.69	12,098.08
8월11일	12,178.08	12,284.76	12,167.48	12,263.32
8월12일	12,276.24	12,324.43	12,228.13	12,261.68
8월15일	12,254.53	12,308.61	12,236.61	12,256.55

8월 8일에 우정민영화법안이 참의원에서 부결된 것을 받아 고이즈미 수상은 중의원을 해산하였습니다. 그러나 실제로 중의원이 해산하자 외국인 투자자의 대폭적인 매수가 시작되었습니다.

닛케이지수는 해산 당일부터 4일간 500엔 이상 상승하여, 1년 반에 걸쳐 계속되어 온 저항선 12,000엔을 완전히 넘어 새로운 상승 추세가 시작하였습니다. 2006년 3월 말 현재로 상승 추세는 아직 계속되고 있습니다.

2005년 8월은 외국인이 과거 최고인 1조 9천억 엔을 사들였고 개인은 과거 최고인 1조 2천억 엔을 순매도하였습니다. 외국인이 「당분간 이 이상 악재는 나오지 않을 것이다」 「개인투자자가 대량으로 순매도하니까」라는 판단으로 매수하는 데 반해 개인투자자는 「보합권 장세에서 고가니까 매도하자」라던가 「정치적 공백은 주가에 있어서 악재다」라는 생각으로 팔았을 것입니다.

앞에서 세 가지 사례를 보았습니다만, 상당히 높은 확률로 일어날 것이라고 시장에서 예측할 수 있는 악재료의 경우는 특히 이러한 패턴을 신뢰할 수 있을 것 같습니다. 예측되는 악재료를 먼저 파악하여 필요 이상으로 팔기 때문에 팔고 싶은 투자자가 모두 팔아 버린 것으로 완전히 주가 시세에 포함되어 수급이 개선되기 때문입니다.

선취하여 팔리는 기간이 길면 길수록 주가 시세 폭이 크면 클수록 금액이나 주식 수가 많으면 많을수록 주가 시세에 포함된 후 반전하는 상승력이 강하다고 할 수 있습니다.

더 단순화해 버리면 개인투자자가 대량으로 매도할 때는 「사고」, 개인투자자가 대량으로 매수할 때는 「판다」는 방식도 성립합니다.

외국인 투자자는 개인투자자가 대중의 심리에 이끌려 한 방향으로만 몰리는 성향을 잘 이용하고 있습니다. 이런 성향은 투자에 부적합합니다. 거품경제 붕괴 후의 주식시장에서 선물거래나 옵션거래를 통해서 외국인 투자자의 교묘한 투자수법에 일본 개인투자자 투자금을 빼앗겼습니다. 현재의 주식시장은 개인투자자로부터 외국인 투자자로의 자산

이전이 약육강식으로 진행되고 있는데 불과합니다.

외국인 투자자에 의해 새로운 추세가 생겼을 때 솔직하게 그것을 인정하고 그 추세에 맞춘 매매를 하는 것을 두어야 합니다. 고집을 부리고 있으면 큰 이익을 놓쳐 버립니다.

3

외국인 투자자의 매매 동향을 파악하자.

외국인은 추세에 반하는 투자에 능숙하다고 생각하는 사람도 있습니다. 그러나 외국인은 추세를 중시하여 매매하고 있습니다. 추세에 따라 살 때는 계속하여 철저하게 사고, 팔 때는 계속하여 철저하게 팝니다.

외국인의 매매 동향을 조사하기 위해서는 첫 거래 전의 외국계증권사의 주문 동향, 주간의 투자주체별 거래실적(자료② 참조), 월간의 투자주체별 거래실적(자료③ 참조)의 3가지 매매 동향에 관한 자료가 있습니다.

첫 거래 전의 외국계증권사의 주문 동향은 거래 개시 전에 외국계증권회사 12개 사의 담당자가 지정 가격 주문 상황을 교환하여 정리한 집계 결과입니다. 공식 발표가 아닌 그 집계 결과를 시장추정으로써 흘리고 있습니다(로이터 기사 참조).

외국인이 거래하고 있는 것은 외국계증권사뿐만이 아닙니다. 모든 외국인의 주문 동향을 파악하고 있는 것은 아닙니다만, 외국인이 순매수하고 있는지 또는 순매도하고 있는지를 실시간으로 아는 데에는 많은 참고가 됩니다.

▌도쿄증시 로이터▌

• 로이터 일본 웹사이트 : https://jp.reuters.com/markets/world-indices/japan/
(아침 8시 30분~50분에 외국계증권사의 주문 동향의 기사가 게재된다)

예를 들면 주식시장에 의하면 첫 거래 전의 외국계증권사 경유의 주문 상황은 4,150만 주의 매도와 4,360만 주의 매수로, 차이 210만 주의 순매수하였다는 식으로 보도하고 있다.

이 첫 거래 전의 외국계증권사의 주문 동향은 그다지 믿을 수 없다는 평론가도 있습니다.「일부러 자신들이 사고 싶어질 때나 팔고 싶을 때를 알려줄 리 없다」는 이유입니다. 분명히 이유는 설득력이 있지만, 데이터를 검토한 결과 첫 거래 전의 외국계증권사의 주문 동향은 다음 주에 발표되는 주간 단위의 투자주체별 거래실적과 90% 이상은 일치하고 있습니다.

첫 거래 전의 외국계증권사의 주문 동향은 주식 수를 기본으로, 주간 단위의투자주체별 거래실적은 금액 베이스라고 하는 차이가 있기에, 10% 정도 결과의 역전은 이상하지 않다고 생각합니다. 예를 들면, 중저가 종목을 많이 팔고 고가주 종목을 그 절반 정도 산다면, 주식 수로는 매도가 매수보다 많게 되어도 금액은 매수가 매도보다 많게 되고, 첫 거래에서는 매도가 매수보다 많게 되어도 접속 매매(먼저 접수된 호가가 나중에 접수된 호가에 우선하여 매매)에서는 매수가 매도보다 많게 되는 일도 있습니다.

【표13】 첫 거래 전의 외국계증권사의 주문 동향과 주간투자주체별 거래실적이 일치하지 않은 예

■ 2005년 2월 제3주의 첫 거래 전의 주문 동향

(단위 : 만주)

일자	회사 수	매도	매입	차감
13일	12	4450	3360	▲1090
14일	12	4610	3220	▲1390
15일	12	3380	2750	▲630
16일	12	4530	3390	▲1140
17일	12	4110	3240	▲870

■ 2005년 2월 제3주의투자주체별 거래실적

구분	거래실적
외국인	순매수 1326억 엔
개인	순매도 1013억 엔
신탁은행	순매도 543억 엔

- 연일, 아침의 외국계증권사의 주문 동향이 순매도 였지만, 투자주체별 거래실적은 순매수의 결과가 되었다.
- 주가가 낮은 종목을 주식수 베이스로 많이 파는 한편으로 주가가 높은 종목을 샀다. 또는, 첫 거래 전에는 순매도하는 한편으로, 접속 매매에서는 순매수 하였다고 추측할 수 있다.

그러한 사정을 고려하면 시장 관측이라고 하는 정보라고 해도 상당히 정확하게 외국인의 동향을 알 수 있는 자료라고 할 수 있습니다. 원래 신용할 수 없는 정보라면 첫 거래 전에 흘릴 의미도 없고, 시장의

신뢰성이나 공평성도 신뢰하지 않게 됩니다.

실제로 외국인은 2003년 5월부터 와 2005년 8월부터 시작된 상승 추세의 틀림없는 초기에서 보통은 있을 수 없는 큰 주식 수 베이스(4,000만주~6,000만주)에서의 순매수를 연일 계속하였습니다. 그것을 뒷받침하는 것이 주간과 월간의 투자주체별 거래실적이 됩니다((표9, 표10)에서도 확인 가능).

첫 거래 전의 주문 동향은 2004년 정도부터 중요한 자료로서 시장에서도 주목받게 되었습니다. 최근 수년 동안 외국인은 유일한 매수 주체로서 의식되고 있으며, 첫 거래 전의 주문 동향으로 시장 심리는 크게 흔들리게 되어왔습니다.

특히, 개인투자자에 있어서는 외국인 매수의 기대감이 회전매매의 근거가 되고 있습니다. 높은 값을 쫓는 투자 주체가 없어지면 개인투자자의 매수 회전이 소용없게 되어 장부상 손해를 입어버리게 되기 때문입니다.

따라서 외국인의 순매도 관측이 연일 계속되면 주가 시세의 분위기는 급속히 악화하여 버립니다. 적어도 2003년 이후의 폭락 시세 국면에서는 순매도가 5일간(1주일간) 계속될 것 같으면 먼저는 개인투자자나 국내 기관투자자의 실망매도로 주가 시세가 끌려 내려가고, 10일간(2주간) 계속될 것 같으면 개인투자자의 마진콜(증거금 보전신청) 환금 매도에서 대량의 급매물이 발생하여 저가를 형성하는 패턴을 반복했습니다.

닛케이 평균주가는 2003년 5월부터의 상승 추세나 보합 추세의 과정에서 단기간의 폭락 시세를 6회(2003년 10월~11월, 2004년 5월, 2004년

7월~8월, 2005년 4월, 2006년 1월, 2월) 경험하고 있습니다(닛케이평균 주봉도표 참조). 이들 폭락 시세에서 첫 거래 전 주문 동향은 라이브도어 쇼크로 내려간 2006년 1월을 제외하면 모두 10일 이상 순매도하고 있었습니다.

자세히 조사하면 폭락하는 주가 시세의 최종 단계인 개인투자자의 마진콜 매도가 나오는 지점에서 이미 외국인은 순매수로 돌아서 이 지점에서 매도물량을 사들이고 있습니다. 외국인은 개인투자자가 대량으로 판 지점에서 큰 이익을 노리고 이 세일링 클라이막스(폭락국면)에서 매수하고 있는 것입니다.

【그림26】 주가 폭락장세의 시장 속성

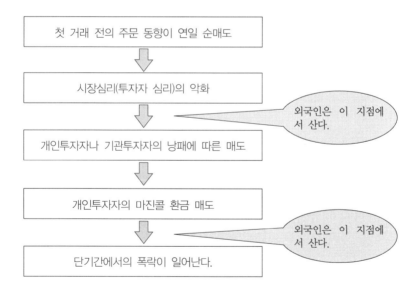

주간, 월간 모두 투자주체별 거래실적은 외국인의 동향을 정확히 알면 많은 도움이 됩니다. 그러므로 외국인 동향뿐만 아니라 다른 투자주체의 동향도 파악해야 합니다. 투자주체별로 어느 투자자가 실적이 좋은지 나쁜지 어떤 재료에 사거나 파는지, 매매에 계절성은 있는지 등 지금까지 보이지 않았던 수급 관계가 확실하게 보이게 될 것입니다.

제 경험으로는 수급 관계를 판단 할 수 있는 매수와 매도 시점이 다음과 같음을 알 수 있습니다.

【자료2】 주간 3시장의 투자주체별 거래실적

투자주체별 거래실적
(도쿄, 오사카, 나고야 시장 1,2부, 종합증권베이스)

구분	12월 둘째 주	전 주
【개인】		
현금	351	34
신용	3049	3122
【외국인】	▲222	405
【법인】		
생보 · 상보	16	▲2
도시은행 · 지방은행	▲120	▲175
신탁은행	▲3176	▲656
기타 금융기관	63	▲1898
투신	1116	▲753
사업법인	173	2106
기타 법인	498	322
위탁합계	1840	2767
자기주식	▲1947	▲2833

*(주)동경증권거래소 조사, 단위:억 엔, ▲은 순매도
*(출처) 니혼케이자이신문 2005년 12월 23일(금) 조간

【자료3】 월간 3시장 투자주체별 거래실적

월간 3시장 투자주체별 거래실적
(종합증권베이스, 1,2부 합계, 억 엔, ▲은 순매도)

기간	개인			법인				외국인	자기
	현금	신용	합계	금융기관	사업법인등	투신	합계		
2004년 12월	▲9022	▲18	▲9040	▲233	▲177	1465	1054	5866	3653
2005년 1월	▲3336	2850	▲485	▲3971	▲285	▲921	▲5179	7177	▲1907
2월	▲4356	1312	▲3044	▲6137	▲191	▲718	▲7047	7641	3506
3월	▲3499	3267	▲231	▲5103	133	425	▲7544	8507	▲864
4월	1023	1969	2993	▲1698	1565	1826	1693	921	▲6342
5월	▲1338	263	▲1074	2060	1370	716	4147	1324	▲4254
6월	▲8064	▲533	▲8598	259	833	573	1665	824	6992
7월	▲7413	▲116	▲7530	▲3574	367	▲115	▲3322	11134	701
8월	▲13410	1380	▲12030	▲8745	▲878	▲25	▲9649	19624	3803
9월	▲9186	2734	▲6451	▲4210	▲602	▲954	▲5766	15154	▲1689

(출처) 니혼게이자이신문 2005년 10월 7일(금) 조간

(1) 매수타이밍

- 외국인의 순매수액이 급격히 증가하기 시작한 때
- 개인의 순매도액이 급격히 증가하기 시작한 때
- 금융기관(신탁 은행)의 순매도액이 급격히 증가하기 시작한 때
  ※ 각각의 조건이 동시에 충족하면 보다 정확도가 높아진다.

(2) 매도타이밍

- 외국인의 순매도액이 급격히 증가하기 시작한 때
- 개인의 순매수액이 급격히 증가하기 시작한 때
- 개인의 순매수액이 현금 · 신용 모두 플러스가 되었을 때
- 개인의 신용에 의한 순매수액이 높은 수준으로 쌓아 올려졌을 때
- 금융기관(신탁은행)의 순매수액이 급격히 증가하기 시작한 때
  ※ 각각의 조건이 동시에 충족하면 보다 정확도가 높아진다.

투자주체별 거래실적을 데이터로 보존하여 언제라도 자금의 흐름을 볼 수 있도록 해 두면 좋습니다. 컴퓨터 소프트웨어 프로그램(엑셀)을 사용하여 집계해 두면 편리합니다.

여유가 있다면 아울러, 그 주나 월에 있었던 중요한 경제 지표나 경제 이벤트(〈표14〉 참조)의 결과가 투자주체별 동향에 어떠한 영향을 주었는가를 기록해 두면 좋습니다. 그렇게 하는 것으로 투자주체별 매수 수요와 매도 수요를 예측하는 힘을 조금씩 길러갈 수 있습니다.

투자주체별 거래실적을 주간과 월간으로 구태여 나누어 사용할 필요는 없습니다만, 익숙하지 않으신 분은 주간 매매대금 차액을 주된 자료로 관찰하고 월간 매매대금 차액을 주간의 결과를 재확인하는 보완 자료로 사용할 것을 권합니다.

속일 수 없는 숫자로 확실히 나타내지는 투자주체별 거래실적은 가장 신용할 수 있는 통계자료가 됩니다. 이 자료와 추세의 기본적인 견해를 조합하면 주식투자의 운용 성적에서 비약적인 향상이 보일 것입니다.

구체적으로는 외국인의 순매수에 맞추어 상승 추세로 전환한다면 초기 중에 오름 주가 시세에서 우량주나 성장주의 매수포지션을 만들어 추세가 전환하지 않아도 외국인의 포지션 조정의 매도가 나오면 매수포지션 일부를 닫고, 외국인의 매도에 비관하여 국내 세력이 낭패하여 팔면 매수하는 식이 됩니다. 반대로 외국인의 순매도에 맞추어 보합 추세나 하락 추세로 전환하면 매수포지션은 일단 모두 닫고 투자 대상을 작전주나 재료주를 주종목으로 한 단기매매로 전환한다고 하는 것이 됩니다.

【표14】 중요한 경제 관련 지표 및 이벤트

일본 국내	발표 빈도	중요도
일은 기업 단기경제 관측조사	년 4회	◎
GDP	분기	◎
일은 금융 정책 결정회합※	매월	◎
전국 소비자 물가 지수	매월	○
기계 수주 통계	매월	○
광공업 생산 지수	매월	○
월례 경제 보고	매월	△
완전 실업률	매월	△
미국	발표 빈도	중요도
FOMC	정례회합은 년 8회	◎
GDP	분기	◎
지구련은 경제 보고	매월	◎
고용 통계	매월	◎
주택착공·완공 건수	매월	○
개인 소비 지출	매월	○
인텔 결산	분기	○

※ 중요도 ◎(상) ○(중) △(하)

※ 일본 은행금융정책 결정회합의 중요도는 양적 완화 해소와 함께 급속히 증가하고 있다.

4

외국인 투자자의 2대 세력을 알라야 한다.

외국인 투자자는 2대 세력이 있습니다. 북미 투자자와 유럽 투자자입니다. 우리는 「구미인 투자자」로 통칭하지만, 각 세력의 투자 행동에는 미묘한 차이가 있습니다.

다음은 이제까지 주가 시세를 관찰해 온 저자의 생각을 기술하겠습니다. 「그것은 사실일까?」라고 의문을 제기하는 독자도 있을 것입니다. 독자도 두 세력을 관찰하여 판단 바랍니다.

북미 투자자는 매매를 극단적 또는 적극적으로 합니다. 매수 전환이 빠르고 매도 전환도 빠릅니다. 순매수액도 급격히 늘어나거나 합니다. 그들은 악재료가 모두 나온 시점에서 가장 먼저 매수를 진행하여 최초로 새로운 추세를 만들어 냅니다.

다음 쪽의 그래프(그림27)를 보면, 그들은 일본 주식을 2005년 8월, 9월에 각각 1조엔 넘게 순매수하여 8월 이후의 상승 추세를 만들어 낸 것을 알 수 있습니다.

북미 투자자는 초기 매수가 빠르고 급격히 순매수가 늘어나는 만큼, 유럽 투자자와 비교하면 일본 주식의 보유 비율도 급격히 높아 집니다. 그 결과 상승 추세가 계속되고 있는 동안에는 보유 비율이 어느 수준까지 오르면 보유 조정의 매도를 내게 되고, 주가가 어느 정도 상승하면 차익실현의 매도를 우선시합니다. 매도가 일순하여 보유 비율이

내리면 보유를 늘리는 매수를 넣고, 주가가 조정되어 내리면 다시 매수를 합니다.

2003년 5월 이후에서, 6회 있었던 단기적인 주가 폭락은 그들 보유 비율의 인하나 차익실현 매도가 원인이라고 생각됩니다. 그러나 가장 긴 순매도라도 2~3주간이며, 2006년 3월 말 현재로 본격적인 순매도는 아직 보이지 않습니다.

그들이 본격적인 순매도를 한다면 몇 개월이고 연속으로 순매도할 것이며, 상승 추세가 완료하여 보합 추세나 하락 추세가 시작될 그것이라는 것도 예견할 수 있습니다. 외국인 전체의 매매대금으로부터 본 북미 세력의 점유율은 의외로 낮아 30% 조금 안 되는 정도입니다만, 그 비율 이상으로 그들의 주가 시세의 영향력은 큽니다.

【그림27】 북미 · 유럽 투자자의 매매 동향

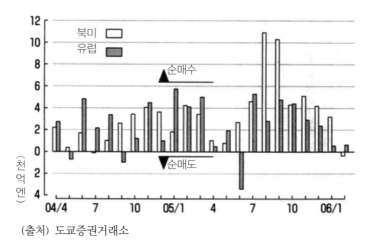

(출처) 도쿄증권거래소

한편, 유럽투자자는 북미투자자가 만들어 낸 추세를 뒤쫓고 있는 일면도 있습니다만, 그들은 생각 외로 진중하게, 펀더멘탈(fundamentals,

경제의 기본적 요인)을 중시하여 매매하고 있습니다. 그러므로, GDP(Gross Regional Domestic Product 국내총생산)나 기업 단기경제 관측조사 등의 결과가 나올 때마다, 그 결과를 12분으로 분석한 후 행동하는 성격이 있는 것 같습니다.

그들은 펀더멘탈에 따라 거의 솔직하게 매매하고 있으므로, 북미 세력이 순매수하고 있을 때 순매도로 돌 때도 있습니다만, 펀더멘탈이 호조를 유지하고 있는 동안은 일정의 순매수를 계속하는 경향이 있습니다. 실제로, 주가 시세가 보합세권에서 엎치락뒤치락하고 있을 때는 그들의 매수가 북미 세력의 매수를 상회하여, 순매수의 주역이 되었습니다([그림27] 참조). 물론, 그들도 운용 비율이 높아지거나 주가가 과대 평가 된다면, 북미 세력처럼 보유 비율 조정이나 차익실현의 매도를 냅니다.

원유 시세의 혜택을 받는 중동의 석유자본이 유럽을 거쳐 들어오고 있는 것도 있어, 유럽 세력의 주목도는 이후에도 높아져 갈 것입니다. 유럽 세력의 매매대금 점유율은 외국인 투자자 전체의 50%에 달하고 있습니다. 일본 주식에 있어서는 최고의 지원자라고 할 수 있습니다.

우리는 보통 북미 세력도 유럽 세력도 같은 외국인으로 보기 때문에 양 세력은 투자에 대한 사고방식이나 매매 방법 모두 유사할 것이라고 무의식적으로 생각합니다. 그러나 시장을 주의 깊게 관찰하고 있으면 북미 세력은 추세를 중시하는 기술분석파, 유럽 세력은 경제의 펀드멘탈을 중시하는 이론분석파라는 것을 알 수 있습니다.

현 상태에서는 외국인 투자자는 북미 세력과 유럽 세력이 2대 세력으로서 보고 있습니다만, 저는 제3의 세력으로서 대두되고 있는 아시아

투자자의 움직임도 주목하고 있습니다. 아시아 세력이라고 해도 북쪽으로는 중국·한국에서부터 남쪽으로는 인도·파키스탄까지를 포함하는 광대한 지역의 투자자를 가리킵니다. 중동의 여러 국가의 자금은 유럽을 거쳐 들어오므로 아시아 세력은 아닙니다.

지금은 외국인 투자자 중에서도 아시아 세력의 매매대금 점유율은 20% 이상으로 북미 투자자의 매매 금액에 육박하는 위세입니다. 고성장을 계속하고 있는 아시아 여러 국가의 팽창하는 자본은 수년 후에는 일본 시장을 크게 움직이는 세력이 될 것입니다.

6장

외국인 투자자의
투자 종목과 매매전략

1

외국인 투자자의 투자 종목

주식투자에서 이익을 얻는 것은 간단하다. 주가가 과소평가 된 때 사고 그 후 주가 시세가 오르면 팔면 될 뿐이다. 「과소평가 된 것을 사고, 과대평가 된 것을 판다」는 것은 시장 원리에 가장 근접한 투자 행동입니다. 최종적으로는 과소평가 된 것은 적정한 수준까지 매수하고, 과대평가 된 것은 적정한 수준까지 매도하는 경향이 강하기 때문입니다.

그러므로 우수한 외국인 투자자(펀드매니저)일수록, 과소평가 되었는지, 과대평가 되었는지를 분석하는 능력이 뛰어납니다. 그리고 투자기업이 「○○○엔 이하의 주가라면 산다」, 또는 「○○○엔 이상의 주가라면 판다」로 결정하면 기계적으로 매매합니다. 그러므로 투자기업에 대해 감정 이입은 하지 않습니다. 결코 「최저가에 매수한다」 또는 「최고가에 매도한다」라는 집착도 없습니다. 투자기업에 대한 감정을 배제하고 프로그램 매매[12]에 가까운 매매를 합니다.

외국인 투자자 또는 펀드매니저는 투자기업을 결정할 때, 어떠한 것을 중시하고 있을까요? 그들의 투자 결과를 검증해 보면 대략 다음의 4가지 정도가 됩니다.

① 유동성이 높은 주력주일 것
② PBR[13]이 낮은 중소형주일 것

---

12) 프로그램 매매(Program Trading)는 주식 현물과 선물/옵션의 가격 차이를 이용한 차익거래.

③ 성장률이 높은 기업일 것

④ 회생 기업일 것

이하, 각각에 대해서 외국인 투자자가 선호하는 이유나 투자 판단의 기준 등을 보겠습니다.

(1) 유동성이 높은 주력주 일 것

외국인 투자자는 투자종목을 선정하기 이전에 개인투자자 또는 기관투자자자의 매수매도인지 아니면 기관투자투자자의 매수매도인지라고 하는 매크로(Macro)[14]적인 시각에서 매매전략을 수립합니다. 때문에 닛케이 평균주가와 연동하는 주력주가 먼저 목표가 됩니다. 주력주는 시가 총액이 크고 경영 기반이 안정되어 있고 수익률이 높은 주식으로 도요타자동차, 캐논, 신일본제철 등이 그 대표적인 예입니다.

미주와 유럽의 연기금 등은 거액의 자금을 투입해 오기 때문에 대량의 거래량을 처리할 수 있는 유동성 높은 주력주에 크게 무게를 둡니다. 유동성이 낮은 주는 사고 싶을 때 살 수 없고, 팔고 싶을 때 팔 수 없다는 경우가 있어 모여진 자금을 투자하는 데에는 적합하지 않습니다.

반대로 자금을 넣었다고 해도 그들의 매매 만으로 주가는 크게 오르락내리락해 버립니다. 그러므로, "정통파"인 외국인 투자자는 유동성이 높은 시가 총액 상위의 주력주를 삽니다. 시가 총액이 1조 엔을 넘고 있으면 시가 총액 위로 보아도 좋습니다.

---

13) PBR은 P/B라고도 쓰면 Price-To-Book Ratio의 약자로 주가장부가치비율을 말하며, 주가를 주당순자산으로 나눈 것이다.
14) 경제와 금융투자에서 거시경제를 의미하며 통화정책, 환율, 정치적 이슈 등 기업 외의 다양한 외적 변수를 말한다.

또한, 외국인 투자자가 가장 싫어하는 것은 경영파탄(도산)이나 상장 폐지의 위험입니다. 재무 상태가 확실한 주력주에는 그러한 투자위험이 없어 그들도 안심하고 살 수 있습니다. 그들의 주된 투자 자금이 연금 기금이라고 하는 성격을 생각하면, 적당한 수익을 낼 수 있으면 된다는 투자 자세는 당연하다고 할 수 있습니다.

주력주는 화려하지 않은 움직임을 해서 개인투자자가 선호하는 주식은 적고 일본 국내 세력은 기관투자자가 매수의 주력이 됩니다. 외국인이 주력주를 큰 단위로 사면 시장에 매수 안심감이 퍼져, 국내의 기관투자자도 늦었지만, 매수를 시작하기 시작합니다. 자금이 회전하기 시작하여 지분의 유동성을 발휘하여 거래량을 급증시키면서 주가도 상승해 갑니다. 「사니까 오른다, 오르니까 산다」고 하는 호순환이 일어납니다.

이제까지는 일본은행의 금융 완화책에 의해 시장에 투자 자금이 흘러 들어오기 쉽게 되어 있었기 때문에, 유동성이 필요 이상으로 높아져 수급이 호전하며 대세 상승장세가 형성되어 왔습니다. 이미 양적 금융 완화는 해소되었습니다만, 나아가 제로금리정책도 완료하면 유동성이 떨어져 주가를 억누르는 요인이 됩니다. 그러나 1~2년 앞을 짧게 보아도 일본 전체의 기업 업적의 전망이 좋을 것 같다고 하는 조건이 갖추어져 있다면 외국인 투자자의 매수는 줄어들지 않을 것입니다.

(2) PBR이 낮은 중소형주일 것

구미의 연기금은 주력주를 주력으로 투자합니다만, 투자신탁(펀드)은 비교적 주가 변동이 가벼운 1부 · 2부 시장의 중소형주를 표적매매를 합니다. 투자신탁(펀드)은 연기금만큼 자금이 거액은 아니므로, 기동적인 매매가 가능한 것이 특징입니다. 대량 보유 보고서를 보면 보유 비율을 급격히 증감시키는 것도 빈번히 있고, 화려한 매매를 하는 투자 신탁(펀드)도 많이 있다는 것을 알 수 있습니다.

구미의 투자신탁(펀드) 중에는 높은 수익을 희망하는 고객의 자금이 주가 된다고 하는 것도 있기에 주가 변동 폭이 큰 중소형주를 투자 대상으로 하고 있다고 생각됩니다. 그러나 높은 수익을 목표로 해도 외국인 투자자는 역시 경영파탄의 투자위험을 가장 싫어합니다. 이 때문에 과소평가 되고 재무가 제대로 되어 있는 중소형주가 선택되기 쉽습니다.

과소평가 된 주식을 찾을 때 개인투자자는 가장 먼저 주가수익률(PER)을 지표로 사용하지만 외국인 투자자는 1부·2부 시장의 중소형주는 과소평가 된 것을 결정하는 지표로 주가순자산비율(PBR)을 사용합니다. 기업의 이익보다도 재산 가치에 더 비중을 두고 있습니다.

최근 변경된 회계 제도(주식의 시가평가나 고정자산의 감손 회계의 도입 등)에 따라 일본 주식에 있어서 PBR이 나타내는 기업 가치의 정밀도도 높아져 외국인 투자자에 있어서는 신뢰할 수 있는 지표의 하나라고 할 수 있습니다. PBR이 1배보다 떨어질 것 같으면 주가가 기업의 해산 가치를 밑돌고 있다는 것으로 대단히 매수하기 좋은 상태를 나타내고 있습니다.

2004년에는 1부·2부 시장에서도 PBR이 1배를 밑돌고 있는 기업이 다수 있었습니다만, PBR을 중시한 외국인 투자자의 매수가 왕성하게 진행되어 2005년 말에는 1배를 밑도는 기업은 소수가 되어버렸습니다. 그러나 PBR 1.2배 이내의 기업이라면 아직 많이 남아 있으며, 이 정도까지는 외국인 투자자의 실제 매수수법으로 보아도 그들이 과소평가 되었다고 판단하는 허용 범위라고 생각됩니다.

〈표15〉 외국인이 보유 비율을 높이는 저 PBR 기업
(1부·2부 시장의 중소형주)

	04년 9월 보유 비율	05년 9월 보유 비율	주주 자본 비율	PBR
2900 명성식품	21.1%	30.8%	56.4%	1.1배
3881 특수제지	3.4%	17.6%	80.4%	0.9배
4078 경화학공업	9.6%	15.0%	59.3%	1.0배
5658 일아강업	2.5%	10.1%	62.3%	0.7배
5923 다카다기공	20.4%	29.1%	73.8%	0.5배
5943 노리츠	21.8%	26.5%	59.6%	1.1배
6319 신닉탄	11.6%	15.1%	68.9%	0.8배
6457 글로리 공업	13.0%	27.9%	71.3%	1.0배
6824 신코스모스전기	9.3%	12.2%	82.4%	1.1배
7494 코나카	6.6%	9.2%	77.8%	1.0배
8030 중앙어류	0.8%	7.8%	58.5%	0.6배
8139 나카보리	4.2%	9.1%	61.6%	0.7배
8164 캐빈	5.5%	13.9%	84.9%	0.8배

※ PBR은 2005년 12월 말 주가로 계산

- 위의 표는 저 PBR로 매수를 진행해 온 기업이긴 하지만, 이미 외국인의 보유 비율이 높은 수준이기 때문에, 팔아서 보유 비율을 조정하는 일도 있을 수 있다(다음의 외국인 투자자가 선호하는 매매요인 참조).
- 신규로 매수하는 경우 외국인투자자의 주식 보유 비율이 낮은 종목을 선정하는 것이 좋다. 또한, 아무리 PBR이 낮아도, PER이나 업적도 어느 정도는 고려해야 한다.

PBR이 낮다고 하는 것은 BPS(주당순자산)이 높다는 것으로 주가가 비교적 쌀뿐만 아니라 재무 측면에서도 견실하다는 것을 나타내고 있습니다. 게다가, 외국인 투자자는 재무의 건전성을 확인하는 지표로서 주주 자본 비율도 참고하고 있는 것 같습니다. 주주자본비율은 일반적으로는 40% 이상 있으면 재무상 안심이라고 말하여지고 있습니다만,

외국인 투자자는 주주 자본 비율이 60% 이상의 기업 주식을 강하게 매수하여 늘리는 경향이 보여집니다. 이제부터도 저 PBR에서 주주 자본 비율이 높은 중소형주로부터 눈을 뗄 수 없습니다.

(3) 성장률이 높은 기업일 것

성장률이 높은 기업은 주력주와 비교하여 회사의 규모나 시가 총액이 아직 작습니다만, 투자 대상으로서는 높은 수익이 전망되기 때문에 외국인 투자자에게는 대단히 선호하고 있습니다. 새로운 비즈니스모델이나 업태의 기업이 많은 것이 특징입니다.

■ 성장률 높은 기업 찾기

성장률이 높은 기업은 연 40% 이상으로 매출액이 증가하고, 이후에도 계속 그 성장률을 달성할 수 있다고 예상할 수 있는 기업입니다. 2년 연속으로 매출액이 40% 늘어나면, 영업이익(또는 순이익)은 2.0배, 3년 연속으로 40% 증가하면 영업이익은 2.7배 이상이 됩니다(〈표16〉 참조).

〈표16〉 3년 계획의 성장률과 영업이익의 증가

	매출액 성장률			영업이익(또는 순이익)		
	1년 후	2년 후	3년 후	1년후	2년후	3년후
성장률①	40%	40%	40%	1.4배	2.0배	2.7배
성장률②	50%	50%	50%	1.5배	2.3배	3.4배
성장률③	40%	60%	80%	1.4배	2.2배	4.0배
성장률④	50%	75%	100%	1.5배	2.6배	5.3배
성장률⑤	50%	100%	200%	1.5배	3.0배	12.0배

매출액 성장률을 달성할 수 있다면, 2년 후에 주가는 2배, 3년 후에는 주가는 3배가 되어도 이상하지 않습니다. 매출액 성장률이 가속하고 있는 경우(예를 들면, 1년 후 40%, 2년 후 60%, 3년 후 80%라는 식으로)에는 그 이상의 매출을 전망할 수 있어 투자 묘미는 더욱 늘어갑니다. 단지, 증자가 있는 경우는 주가의 상승을 그 증자분을 제외해야 합니다.

주로 2부 시장이나 신흥 시장의 성장 기업이 대상이 됩니다만, 어느 정도의 유동성이 요구되기 때문에, 각 시장에서도 시가 총액이 비교적 상위의 기업이 됩니다. 최근 수년의 조류에서는 구미의 투자신탁(펀드)이 원하여 매수를 진행하여 1개 회사의 투자신탁(펀드)만으로 보유율이 10%를 넘는 경우도 눈에 띄고 있습니다. 투자신탁(펀드) 중에는 장기 보유분과 단기 보유분으로 구별하여 운용하는 수법을 취하고 있는 곳도 있습니다. 예를 들면, 보유 비율이 12%라면, 10%를 장기로 보유하고 남은 2%를 단기로 회전매매 하여 이익을 낸다고 하는 운용입니다.

성장 기업에 투자하는 외국인 투자자의 최대 관심사는 「다음 사업기의 성장률이 어느 정도 신장할까?」라고 하는 것입니다. 그들은 성장률이 가속되고 있는 중에는 듬직한 태도를 취합니다만, 성장률이 둔화할 것으로 예상되거나 둔화되었다고 안 시점에서, 신속하게 매도로 판단하여 계속하여 팝니다.

또, 성장률이 둔화하지 않았어도 주가가 적정한 수준을 넘어 상승한 때에는 팔아서 차익실현을 우선 합니다. 주가가 적정한지 어떤지를 재는 기준으로서는 다음 사업기 예상 PER이 주로 이용됩니다. 「PER ○○배 이내라면 사고, PER ○○배를 넘으면 판다」고 기계적인 매매를 하는 외국인 투자자는 의외로 많은 것 같습니다.

【그림28】 외국인 투자자의 기업분석과 투자 판단

(1) 성장률 분석자료: 업종분석자료, 회사결산자료

㉙ A사 기업결산자료
- 당기 50% 성장, 다음 사업기 80% 성장 전망

㉙ A사 업종 분석자료
- 당기 50% 성장, 다음 사업기 60% 성장 전망

(2) PER 전망과 투자 판단

(A사 주의 투자 판단)
① 주가 상승으로 다음 사업기에 PER 25배 예상 ⇒ 보유
② 주가 상승으로 다음 사업기에 PER 35배 예상 ⇒ 매도
③ 경제 동향 회복세로 다음 사업기에 PER 23배 예상 ⇒ 매수
④ 주가가 상승으로 다음 사업기에 PER 33배 예상 ⇒ 매도
⑤ 주가가 하락으로 다음 사업기에 PER 20배 예상 ⇒ 매수
⑥ 경제 회복세 발표 주가 상승으로 다음에 PER 27배 예상 ⇒ 보유
⑦ 주가 상승으로 다음 사업기에 PER 36배 예상 ⇒ 매도

(A사 주의 동향)

다음 기의 예상 주당이익		주가(엔)	다음 기의 예상 PER	판단
① 주가상승	20,000엔	500,000엔	25배	보유①
② 주가상승	20,000엔	700,000엔	35배	매도②
③ 상방수정	30,000엔	700,000엔	23배	매수③
④ 주가상승	30,000엔	1,000,000엔	33배	매도④
⑤ 주가하락	30,000엔	600,000엔	20배	매수⑤
⑥ 상방수정	45,000엔	1,200,000엔	27배	보유⑥
⑦ 주가상승	45,000엔	1,600,000엔	36배	매도⑦

(4) 회생 기업일 것

큰 금액의 유이자 부채를 지고 있어, 경영파탄의 위험이 컸던 기업 중에서도 금융기관으로부터 채무면제나 금융지원을 받아 정리해고를 진행한 결과, 수년 사이 수익력이 급격히 회복한 기업도 있습니다. 이러한 회생을 도모할 수 있었던 기업도 외국인 투자자에게는 선호됩니다.

외국계 증권회사는, 이들의 회생 기업을 외국인 투자자용 보고서에서 높게 평가하고, 외국인 투자자도 주식 보유 비율을 점점 높여 가는 것으로, 이들의 회생 기업의 주가 상승을 견인하고 있습니다(〈표17〉 참조). 구미의 연기금 투자자의 매수 비율이 높고, 일본의 투자신탁(펀드)은 매수 비율이 저조합니다.

〈표17〉 회생을 완수한 기업의 외국인 지주 비율과 주가 추이

구분	외국인주식비율 2003년 3월 말	2003년 저가	외국인주식비율 2005년 12월 말	2005년 고가
하세 타쿠미	0.2%	41엔	40.2%	484엔
쿠마가이구미	0.6%	11엔	22.9%	545엔
토비시마 켄세츠	0.3%	21엔	11.1%	244엔
고요오 켄세츠	0.9%	42엔	16.0%	276엔
치요다카코오	9.8%	196엔	36.8%	2,900엔
스미모토조쿠오	4.5%	37엔	13.8%	493엔
이스구지도오샤	13.0%	38엔	22.4%	509엔
다이쿄오	0.4%	39엔	10.5%	831엔

회생 기업에는 1부 시장의 건설주가 많고 아직 회생 도중의 건설주의 외국인투자도 눈에 띄기 시작하고 있어, 이후의 수익의 V자 회복

으로 적극적인 투자 행태를 보여주고 있습니다.

경영파탄의 위험이 있는 기업이 채무면제나 금융지원을 받으면 외국인이 조금씩 매도할 가능성이 있습니다. 그들에게 투자 부담의 위험이 없어지는 것만으로도 매수재료가 됩니다. 그리고 수익의 회복이 현실의 것이 된다면, 매수를 늘려 보유 비율을 높여 갑니다. 회생 기업의 투자에 있어서는 성장률이 높은 기업과 같이 주력주로서는 생각할 수 없는 높은 수익을 낼 수 있습니다.

이상과 같이 고객의 투자금의 성격에 따라 요구되는 수익도 변하기 때문에 투자 대상이 되는 종목은 주력주나 중소형주, 신흥시장주로 다양하게 나뉘게 됩니다.

외국인 투자자는 정당하게 평가되어 있지 않은 주가와 정당하게 평가된 주가의 차를 냉정하게 분석하고, 그 시세 차를 과대평가, 과소평가의 판단기준으로 하고 있습니다. 그리고 「장래 그 시세 차는 메워질 것이다」라고 하는 것을 전제로 매매하고 있습니다. 또, 주가는 장래를 예측하여 움직이는 성질을 갖고 있기에, 항상 1~2년 앞의 기업 업적이 어떻게 되고 있는가를 사업계획이나 결산 발표, 각 지표 등으로부터 예측하는 것에 전력을 기울이고 있습니다.

2

외국인 투자자가 선호하는 매매 요소

개인투자자의 대다수가 일본 주식만, 혹은 일본 주식 중심으로 투자하고 있습니다. 외국 주식만 투자하고 있는 개인투자자는 거의 없습니다. 그러므로 외국인 투자자도 본국의 주식시장에 최대의 비율을 두고 투자하고 있습니다. 북미 투자자 세력라면 뉴욕시장에 유럽투자자 세력라면 런던 시장이나 프랑크푸르트 시장 등의 유럽 각국 시장에 자금의 대부분을 투입하고 있을 것이 틀림없습니다.

투자자는 국적과 관계없이 장부상 이익이 나오면 적극적이고 강경해지고 장부상 손해를 입게 되면 일변하여 신중하고 약해지는 습성이 있습니다. 그 습성이 올바른 투자 행동이라는 것은 장부상 손해를 입은 상태에서 적극적으로 매매한 것으로 많은 투자자가 재기 불능이 된 역사가 증명하고 있습니다. 특히 구미인에게 있어서는 「장부상 이익이 나면 매수를 늘리고, 장부상 손해를 입으면 판다」는 것이 운용의 기본이 되어 있어, 투자위험관리가 철저히 되고 있습니다.

그러므로 외국인 투자자도 본국의 주가가 상승하여 장부상 이익이 나면 일본 주식을 매수에 적극적으로 된다. 반대로 본국의 주가가 하락하여 장부상 손해를 보면, 일본 주식을 사는 투자위험을 적극적으로 취하기 어려워져, 투자위험관리를 위해 팔아버리는 일도 있습니다. 외국인 투자자는 본국의 주가 시장의 움직임에 따라 일본 주식의 매매가 크게 좌우되기 쉬워지고 있습니다.

일본 주식시장과 미국 주식시장의 연동성이 높은 것은 그러한 운용 상의 메커니즘이 있기 때문이며 미국 주가가 큰 폭으로 하락한 다음날 의 첫 거래 전의 외국계증권사의 주문 동향이 큰 폭으로 순매도 확률이 상당히 높아지는 것도 수긍할 수 있습니다.

세계 동시에 주가 오르거나 내리는 것이 일어나기 쉬운 것도 같은 메커니즘으로부터이며 그러한 의미로, 현재는 일본 주식만이 높은 것 이 아니라, 세계적으로 주가가 높다는 것을 제대로 인식해 두어야 합니 다. 세계의 주식시장은 연동성이 높아 같은 방향으로 움직이기 쉽기에 같은 투자위험을 안고 있다는 것을 잊어서는 안 됩니다.

외국인 투자자는 환율에 매매가 좌우되기 쉬워지고 있습니다. 북미 세력의 투자자의 일본 주식 자산은 엔고(달러 저)가 되면, 환차익으로 장부상 이익이 늘어나고, 엔저(달러 고)가 되면 환차손으로 장부상 손 해납니다. 일본 주식을 1달러 115엔 전후로 사서, 110엔에서 매각하는 것과 120엔에서 매각하는 것은 큰 차이가 있습니다. 환차익으로 5엔만 큼 늘어날지, 환차손으로 5엔만큼 줄어들지에 따라, 운용 성적이 10% 가까이 달라져 버립니다.

나아가 주식매각이익까지 포함하여 계산하면 운용이익은 곱으로 바 뀝니다. 주식매각이익이 20%, 환차익이 10%로 계산하면, 총액으로 32%(1.20×1.10=1.32)의 이익이 되고, 주식매각이익이 30%, 환차익이 10%로 계산하면 43%(1.30×1.10=1.43)의 이익이 됩니다. 주식매각이익 과 환차익의 2중의 이익을 얻는 것은 운용 성적이 비약적으로 신장하 므로 그들은 환율을 언제나 주의 깊게 보고 있습니다.

■ 각국 시장의 주가지수 주봉도표 (2003.1 ~ 2006.3)

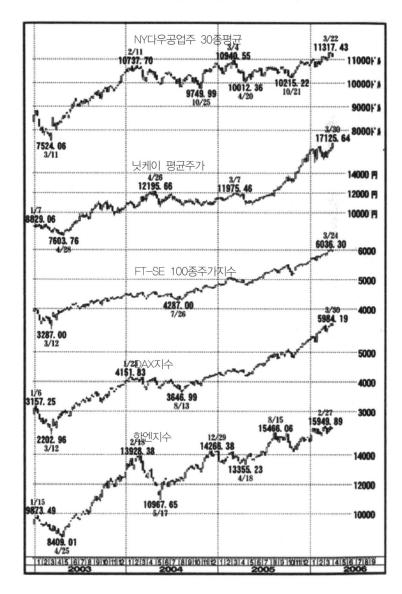

6장 외국인 투자자의 투자 종목과 매매전략

때문에, 북미 투자자 세력은 「엔저(달러고)에서 일본 주식을 사고, 엔고(달러저)에서 일본 주식을 판다」는 것이 올바른 전략이 됩니다. 일본 주식으로 다소의 장부상 손해를 입어도 환차익으로 상쇄할 수 있는 경우도 있기 때문에, 엔고가 되면 일단 팔아 두는 것이 좋다고 하는 생각도 있는 것 같습니다. 엔고가 원인으로 수출 관련주의 수익이 떨어지는 등, 팔리는 이유를 붙이는 일이 종종 있습니다만, 엔고 시에는 외국인(북미 세력) 투자자의 차익실현 매도가 나오기 쉽다고 하는 측면도 있다고 하는 것을 이해해 두는 것이 좋습니다.

개인투자자는 무의식적으로 환율을 엔과 달러만의 관계로 생각하기 쉽습니다만, 유로나 파운드와의 관계도 끊임없이 의식하여 볼 필요가 있습니다. 외국인 중에서 매매대금 점유율 1위의 유럽투자자 세력의 동향은 결코 무시할 수 없기 때문입니다. 유럽투자자 세력도 미국투자자 세력 정도는 아니라고 해도, 환율을 주시하고 있고, 「엔저(유로고 · 파운드고)에서 일본 주식을 사고, 엔고(유로저 · 파운드저)에서 일본 주식을 판다」는 경향이 있습니다.

【그림29】 달러/엔과 외국인 투자자의 주식 순매수액

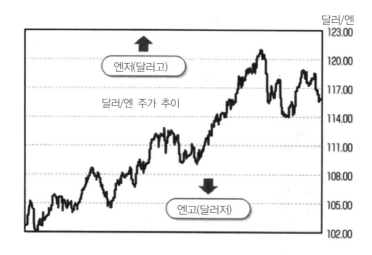

달러/엔

엔저(달러고)

달러/엔 주가 추이

엔고(달러저)

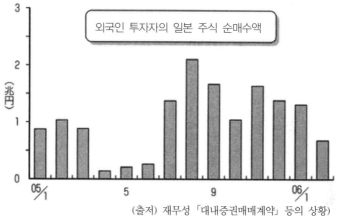

외국인 투자자의 일본 주식 순매수액

(兆円)

(출저) 재무성 「대내증권매매계약」 등의 상황)

엔저 달러고 시에 사서, 엔고 달러저 시에 팔면, 외국인은 주식양도이익과 환차익 양쪽을 손에 쥘 수 있다.

환율이 단기간에 크게 움직인 때에는 이상과 같은 배경으로부터 외국인 투자자의 매매가 늘어나기 쉬워집니다. 그러므로 환율을 외국인 투자자의 매도나 매수 적기를 잡는 지표로써 파악하면 좋습니다. 또 엔화가 어느 통화에 대해 높은지 낮은지를 언제나 점검하여야 합니다.

외국인 투자자는 보유 비율의 증감에 따라서도 매매를 한 후에 큰 영향을 받습니다. 그들은 다양한 나라의 주식이나 채권 등을 조합하여 보유하고 있습니다. 그중에서 「과소평가 된 것의 보유 비율을 늘리고, 과대평가 된 것의 보유 비율을 줄인다」는 것이 원칙이 되어 있습니다.

일본 주식을 사들인 결과 일본 주식의 보유 비율이 오르고, 또한 주가의 상승률이 높다면, 상대적으로 과소평가 된 나라의 주식투자 매력이 늘어납니다. 그래서 일본 주식의 일부를 차익실현 매도하고, 그 매각 대금으로 과소평가 된 나라의 주식을 사서 늘려 갑니다. 일본 주식의 보유 비율이 어느 정도 내려갈 때까지는 이 움직임은 계속되고, 일본의 펀드멘탈(fundamentals)이 아무리 좋아도 고려되지 않습니다.

그것은 일본 주식의 보유 비율만이 높아지면 팔아서 그 보유 비율을 끌어내림과 동시에 타국의 주식을 사는 것으로 투자위험을 분산시키려고 하는 의식이 투자위험관리 후에 움직이기 때문입니다. 물론, 그때 과소평가 된 나라의 주식이 없는 경우는 보유 비율을 낮추기 위해 판만큼은 현금으로 이월하는 예도 있습니다.

그리고 일본 주식의 보유 비율이 어느 정도까지 내려가면 기반(fundamentals)이 양호하다면 다시 일본 주식은 매수되고, 보유 비율은 점점 올라갑니다. 한편으로 기반을 무시하고 팔고, 한편으로는 펀더멘탈에 주목하여 산다고 하는 것은 이치에 맞지 않을지도 모릅니다만, 보유 비율이 얽히면 실제로 이와 같은 일이 빈번히 일어납니다.

이상의 흐름을 더욱 단순화하여 말하면 외국인 투자자에게는 「보유 비율이 높아지면 팔고, 보유 비율이 낮아지면 산다」고 하는 패턴이 있다고 하는 것입니다. 이는 일본 주식 전체뿐만 아니라, 개별주식 수준에서도 말할 수 있는 것입니다. 이러한 외국인 투자자는 보유 비율을 조정하면서 자금을 순환 또는 회전시켜 투자효율을 높여 갑니다.

3

외국인 투자자의 매도 시점은 언제인가?

2003년 5월 이후부터 외국인은 일관되게 일본 주식의 순매수를 계속해 오고 있고 몇 개월이고 계속될 것 같은 본격적인 순매도는 2006년 3월 말 현재로 1회도 확인되고 있지 않습니다. 폭락 시세라고 할 때에도 주간에서의 투자주체별 거래실적으로 길어도 2~3주간만 순매도 한 것에 지나지 않습니다.

외국인이 본격적인 순매도로 전환하면 일본 주식이 큰 하락주가 시세를 강요받는 것은 명백합니다. 여기서는 외국인이 순매도할 계기가 되는 위험한 징후를 들면서, 일본 주식의 상승 추세의 끝을 대담하게 예측해 보고자 합니다. 단,「언제 상승 추세가 끝날까」또는「닛케이지수는 얼마로 천장을 칠까」를 맞추는 것은 불가능합니다.

먼저, 외국인의 순매도를 유발하는 징후를 열거하면 다음의 7가지 사항을 생각할 수 있습니다.

① 급격한 엔고가 달러나 유로에 대해 진행된다.

② 애널리스트나 경제분석가로부터 낙관적인 전망이 계속해서 나온다.

③ 개인금융자산의 주식시장 유입이 급증한다.

④ 호재료에 주가가 반응하지 않게 된다.

⑤ 주가지수선물에서 외국인의 매도가 늘어난다.

⑥ 원유가격이 지나치게 오르거나 하락한다.

⑦ 미국의 주택경기 거품이 줄어든다.

이상의 7가지 사항을 좀 더 자세하게 알아보겠습니다.

(1) 급격한 엔고가 달러나 유로에 대해 진행된다.

일본의 경기 확대가 이대로 계속되면 일본은행에 의한 제로 금리 정책도 언젠가는 해소됩니다. 공정보합[15]의 인상이 시행되어 장기금리가 3%를 넘게 되는 것도 시야에 들어옵니다. 그때 해외에서는 FRB(미연방준비이사회)도 ECB(유럽중앙은행)도 이미 금리 인상을 정지하고 있어, 미국과 유럽의 장기금리는 안정되는 것으로 보입니다.

제로금리정책이 해소되면 환율은 일본과 구미와의 금리 차 축소로 인하여 헤지펀드(Hedge Fund)[16]를 중심으로 한 외국인 투자자의 투기 자금에 의해 급격한 엔고로 진행됩니다(더 정확하게 말하면 제로금리 해소되기 전부터 시장에서는 해소를 믿어 급격하게 엔고가 진행되기 시작한다).

엔화가 1달러 100엔~110엔의 범위에서 움직이면 외국인은 주식매각 이익과 환차익의 양쪽에서 거액의 이익을 얻을 수 있기에, 대량의 일본 주식 매도를 생각하게 됩니다.

---

15) FRB가 민간 금융 기관에 융자할 때의 금리. 〈예: FRB는 공정보합을 0.25% 인하해 금리를 2.75%로 하였다.〉

16) 헤지펀드(Hedge Fund)란 가격변동의 위험으로부터 위험회피·위험 분산의 의미로 사용되는 헤지(Hedge)에 자금을 나타내는 펀드(Fund)가 합한 것으로, 높은 위험을 감수하면서 높은 수익을 추구하는 고수익·고위험 펀드이다.

■ 일본 · 미국의 장기금리 (10년 국채이율)

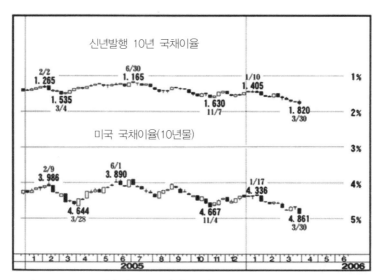

신년발행 10년 국채이율

2/2
1. 265

6/30
1. 165

1/10
1. 405

1%

1. 535
3/4

1. 630
11/7

1. 820
3/30

2%

미국 국채이율(10년물)

3%

2/9
3. 986

6/1
3. 890

1/17
4. 336

4%

4. 644
3/28

4. 667
11/4

4. 861
3/30

5%

2005   2006

※밑으로 갈수록 이율이 높은 것에 주의

(2) 애널리스트나 경제분석가로부터 낙관적인 전망이 계속해서 나
    온다.

국내의 경기지표가 양호한 것으로부터 애널리스트나 경제분석가로
부터 닛케이 평균주가는 25,000엔~30,000엔에 달할 것이라고 하는 적극
적인 전망이 계속하여 나오게 됩니다. 그것과 동시에 국내 증권 각 회
사로부터는 닛케이평균의 고가 예측을 큰 폭으로 인상하는 것 같은 보
고서나 코멘트(Comment)가 빈번하게 나오게 됩니다. TV나 신문 등의
방송 매체도 과열을 부채질하는 듯한 보도를 하거나 기사를 내게 됩니
다.

이렇게 되면 시장은 모두 낙관적인 상태가 되어 시장관계자나 개인
투자자 대다수가 「25,000엔이나 30,000엔은 틀림없이 갈 것이다」라고

생각하게 됩니다.

이 상태를 뒷받침하듯이 외국증권사가 일본증권사 보다 적극적인 보고서나 일본 주식의 평가액 인상 등이 나오면 이것은 외국인 투자자가 팔고 빠지기 위한 책략이 아닌지 의심해 볼 필요가 있습니다. 언제나 앞서 움직이는 외국증권사가 일본증권사의 뒤를 좇아 정보를 내는 것은 부자연스럽기 때문입니다.

개인투자자는 정보에 과도하게 반응하여 전체가 한 방향으로 달려 버리기 때문에 간단하게 정보가 조작되어 버립니다.

(3) 개인금융자산의 주식시장 유입이 급증한다.

개인투자자의 개인금융자산은 1,500조 엔을 넘는다고 하며 이에 비해 2005년 8월에 기록한 외국인의 사상 최고의 순매수액 1조 9천억 엔은 미미한 금액에 지나지 않습니다. 나라가 저축사회에서 투자사회로의 환경 만들기를 진행하는 중에 저금리나 인터넷 증권의 보급도 거들어 개인금융자산도 조금씩이기는 합니다만, 주식시장에 유입되고 있습니다.

그러나 미국에서는 투자신탁도 포함하면 개인금융자산 중에서 주식이 차지하는 비율은 50% 전후이나 일본에서는 아직 10%에도 달하고 있지 않습니다(2005년 9월 말 시점).

외국인은 개인투자자의 개인금융자산이 주식시장에 대량으로 유입되어 오는 것을 예측하여 일본 주식을 일관되게 순매수하고 있습니다. 일본 경제가 밝은 전망이라고 하는 것만으로 사고 있는 것이 아닙니다. 그들이 차익실현을 할 때 매수자가 되어 줄 개인투자자가 있으므로 사고 있다고 하는 측면도 있습니다.

개인금융자산의 7할 이상은 자산운용에 보수적인 고령자층이 가지고 있습니다. 고령자층이 저축 일부를 투자신탁(투신)으로 돌리는 움직임이 확대되고 있습니다. ②의 항목에서 언급한 바와 같이, 개인투자자가 모두 낙관적인 상태가 되면 1,500조엔 중 5%~10% 정도는 신규 자금으로서 주식시장에 유입될지도 모릅니다.

투자주체별 거래실적에서 투신의 대폭적인 순매수가 연속하여 눈에 띄게 되면 개인금융자산으로부터의 자금 유입의 증명이 됩니다. 불행하게도 투신은 자금이 모이면 사지 않을 수 없습니다. 외국인은 투신에 흐르는 자금량을 주의 깊게 보면서 매도타이밍을 찾을 것입니다.

(4) 호재료에 주가가 반응하지 않게 된다.

경기 확대의 국면에서는 강한 경제 지표가 계속하여 나옵니다. 3개월마다 발표되는 GDP나 일본은행 기업단기경제관측조사, 매월 발표되는 기계수주통계나 광공업생산지수, 월례경제보고 등, 어느 것을 보아도 양호한 결과가 나옵니다. 이런 때는 통상, 주가는 높은 수준의 거래량이나 매매대금을 동반하면서 강력하게 상승할 것입니다만, 반대로 주가가 솔직하게 상승하지 않게 된다면, 경계하지 않으면 안 됩니다. 주가의 천장권에서 매도와 매수가 심하게 견제하고 있다고 생각되기 때문입니다. 이제까지의 주가 상승 시와는 반대로 개인투자자가 사고, 외국인이 파는 구조로 변하고 있을 가능성도 있습니다.

(5) 주가지수선물에서 외국인의 매도가 늘어난다.

외국인 투자자는 언제나 이익을 얻고 있는 것은 아닙니다. 손실을 낼 때도 있습니다. 그러나 그 손실이 최소한이 되도록 확실히 투자위험 헷지를 하고 있습니다. 그들은 보유하는 현물주가 하락해도 좋도록 사전에 선물로 미결제 매도하고 있습니다.

여기서 주의하지 않으면 안 되는 것은 외국인 투자자가 선물을 투자위험회피 목적이 아닌 그 거래 자체로 이익을 얻고자 매매하기 시작한 때입니다. 즉, 외국인이 본격적으로 일본 주식 매도를 시작한다면, 단지 현물주를 팔 뿐이 아니라는 것입니다. 주가의 천장권에서 선물을 대량으로 미결제 매도를 한 후에, 이제까지 계속하여 순매수한 현물주를 철저하게 파는 것을 예상할 수 있습니다.

사실, 1990년의 거품경제시기 최고치로부터의 폭락은 외국인이 선물을 대량으로 미결제 매도를 한 후에, 현물주를 철저하게 계속하여 팔아온(차익실현 매도한) 것으로 일어났습니다. 현물 매도와 선물 매도 2중으로 버는 것이 그들의 단골 전략입니다. 당시는 선물거래는 일본 국내에서는 익숙하지 않고 방법도 제대로 이해되고 있지 않았기 때문에 외국인에게 마음대로 당해버렸다고 생각됩니다.

그럼, 같은 방법이 이후에도 통용되는가 하면 유감스럽게도 통용되어 버립니다. 개인투자자의 신용거래가 급격히 확대하고 있는 현 상황에서는 신용 매수 잔고가 높은 수준일 때에 하기 시작한다면, 수급관계에는 거스르지 않고 간단하게 폭락시켜 버리기 때문입니다. 유일한 매수 주체인 외국인이 본격적으로 순매도하고 있다고 인지 될 쯤에는 자금이 지나치게 모여, 계속하여 사지 않으면 안 되었던 투자신탁과 신용거래로 매수포지션만으로 투기사업에 손을 대고 있는 개인투자자가 상당한 손해를 보고 있을 것입니다.

닛케이평균 주가지수 선물 (6월 24일, 오사카증권거래소, 단위:장)			
▽6월물	매도	▽6월물	매수
藍澤	6704	藍澤	7219
大和SMBC	5608	카리온	5619
카리온	5197	大和SMBC	5083
ABN아무로	4218	ABN아무로	4208
岡三	3613	岡三	3359
모르간S	3463	트레이더즈	3253
트레이더즈	3239	모르간S	2916
소시에테	2516	소시에테	2314
樂天証	2208	BNP파리바	2143
J모건	1863	樂天証	2108

(출처) 니혼케이자신문 2006년 3월 25일 조간 「마켓 종합2」면

　외국인이 선물의 매도를 많이 모으고 있을 때 그것을 차지하는 것은 좀처럼 어려운 것이 현실입니다. 그러나 분위기를 파악하는 정도는 가능할지도 모릅니다.

　선물거래에 대해서는 호재료가 나와서 주가 상승이 예상되어 국내세력의 매수가 많아지게 된 때에 외국인은 매도물량을 모으기 쉬워집니다. 국내세력의 매수와 외국인의 매도가 견제하는 것으로, (4)와 같은 상황과 겹치는 것도 생각될 수 있습니다. 구체적으로는 닛케이평균 주가지수 선물(자료4 참조)을 매일 주의 깊게 보는 것으로, 매매차익으로 미결제 매도를 급증시켜 가는 외국증권사가 2사 이상 나오면, 매도물량이 많아졌다고 추측해도 좋습니다.

(6) 원유가 지나치게 오르거나 지나치게 하락한다.

　세계적인 주가 상승을 지지하는 중요한 요소로서 원유고로 덕을 본

중동의 오일머니[17]의 존재가 있습니다. 뉴욕원유시장은 2003년 초의 30달러대 전반에서 2005년 12월 말에는 60달러대 전반이 되어, 2년 동안 약 2배가 되었습니다. 게다가 중동 산유국의 주가도 원유 수입의 증가에 따라 급상승하여 사우디아라비아의 주가 등은 2003년부터 2005년의 2년 동안 약 4배가 되었습니다. 오일머니는 구미나 일본 등의 주식시장에도 유입하여 매수 주체로서 존재감을 늘리고 있습니다.

■ 뉴욕원유가격(WTI)의 추이(주봉도표)

그러나 원유 관련 주가 시세가 50달러를 넘으면 오일머니의 세력도 쇠락하여 세계 주식시장의 투자 여력이 약해져 버립니다. 동시에 중동 산유국의 주가도 하락하므로 해외의 주식시장으로부터 오일머니를 철수시키는 움직임도 강해집니다. 세계의 주식시장에 있어서 오일머니가 규모를 축소해 버리는 것은 양호하였던 수급관계를 단번에 악화시켜

---

17) 오일머니(Oil Money)란 오일달러라고도 하며 주로 중동 산유국(주로 OPEC회원국)들의 소비하는 금융을 말한다.

버리는 투자위험을 안고 있습니다.

반대로 원유 관련 주가 시세가 70달러를 넘으면 오일머니가 혜택을 받았다고 해도 그 이상의 악영향이 나와 버립니다. 지나치게 오른 원유고에 의한 개인 소비의 감속이나 기업의 비용 상승으로 인하여 세계의 경기가 후퇴해 버리기 때문입니다. 일본은 원유고에 대해 내성이 강한 편입니다만, 구미는 내성이 약하여 그 결과 구미의 경기가 실속하면, 일본의 경기도 악영향을 받지 않을 수 없습니다. 또, 원유를 대량으로 소비하는 중국의 고성장조차도 멈추어 버릴지도 모릅니다.

원유 관련 주가 시세가 50달러~70달러의 범위에서 움직이고 있는 동안은 산유국에도 세계 경제에도 바람직하다고 할 수 있습니다. 지나치게 비싸져도 지나치게 싸져도 안 됩니다.

일본의 주식시장에도 오일머니가 유럽 경유로 유입되고 있습니다만, 외국인 투자자 중에서는 유럽 세력의 매매대금이 47%로 최고이며, 북미 세력의 매매대금 28%을 크게 상회하고 있습니다. 유럽 세력의 매매대금에서 차지하는 오일머니의 비율이 큰 것은 쉽게 추측할 수 있습니다.

(7) 미국의 주택경기 거품이 줄어든다.

현재 세계적인 주가 상승을 지지하는 또 하나의 중요한 요소는 주택경기 거품에 의해 경기 확대를 계속하고 있는 미국 경제입니다. 미국인은 주택 가격이 오를 것 전제로 주택을 담보로 돈을 빌려 과잉으로 소비하고 있습니다. 주택 가격의 상승으로 자산적으로 충분히 여유가 있다고 하는 감각으로 안심하여 소비하고 있는 것입니다.

더욱이, 이자만을 지급하면 된다고 하는 융자가 주택 가격의 상승을 뒷받침하고 있습니다. 집세처럼 이자를 지불하고, 원금은 주택 매각 대금으로 변제하고, 가격 상승으로 인한 이익을 다음의 주택 구입 자금에 충당한다고 하는 것입니다. 경쟁 격화로 인하여 금융 기관의 융자 심사도 느슨해져 융자액은 증가 일로를 걷고 있습니다.

일본의 거품경기의 토지 투기와 유사하여 위험성을 느끼고 있으며, 조금 냉정하게 생각하면 이러한 이상한 경제 확대가 언제까지라도 계속될 리가 없습니다. 주택 가격이 한 번에 크게 하락하면, 개인 소비는 급격히 줄어듦과 동시에 은행은 거액의 불량 채권을 안게 되어 금융위기조차 일어날지도 모르는 상황이 될 것입니다.

FRB는 주택경기 거품을 붕괴시키지 않고 연착륙하는 것에 중점을 두고, 최근 수년의 금융 정책을 결정해 왔습니다. FRB 전 의장인 그린스펀은 주택경기 거품을 가장 염려하였습니다. 주택경기 거품의 원인이 저금리라고 생각하여, 금리상승을 반복해 온 것은 그 때문입니다. FRB의 금융정책이 성공할지 어떤지는 아직 알 수 없습니다만, 주택경기 거품이 감속하면 미국의 주가 하락이 시작하여 세계적인 주가 하락으로 파급해 갈 가능성이 크다고 생각합니다.

이상과 같은 징후가 복수로 보여지게 된다면 외국인 투자자가 언제 본격적으로 순매도해도 이상하지 않습니다. 외국인 투자자의 이상적인 매매는 그들 자신의 선물 매도의 미결제 거래 잔고가 높은 수준이 된 상태로 개인투자자(특히, 개인투자자와 투자신탁)의 매수 에너지가 번성한 때에 현물주를 단속적이고 철저하게 매도하는 것입니다(차익실현 매도를 하는 것입니다).

가능한 한 빠르게 외국인의 순매도를 감지하기 위해서는 첫 거래 전의 외국계증권사의 주문 동향을 주시해야 합니다. 주문 동향에서 4,000만~5,000만 주 이상의 순매도가 수일간 계속되게 되면, 상당히 위기의식을 가지고 매도하는 것이 현명합니다(단, 일과성 매도일 가능성도 있습니다.).

또한, 확실한 사실로서 순매도액을 확인할 수 있는 것은 투자주체별 거래실적입니다. 과거 수년간 최고의 순매수액이었거나 최고의 순매도액이었거나 한 때에 큰 추세가 시작될 계기가 되는 것은 쉽게 예상할 수 있습니다.

과거 데이터를 보면 주간 베이스로 외국인의 순매도액이 과거 3년간에서 최고의 순매도액이 된 때에는, 그것을 확인한 후 팔아도 성공입니다.

또한, 월간 베이스에서 외국인의 순매도액이 과거 3년 동안 최고가 된 때에는 닛케이 평균주가는 고가로부터 상당히 내려가 있을 것입니다만, 그래도, 여기서 끝내면 아직 구할 수 있다고 할 수 있을 것입니다.

〈표18〉 외국인 투자자가 본격적으로 순매도로 전환하는 신호

> (1) 첫 거래 전의 외국증권사의 주문 동향
>   4,000만 주~5,000만 주 이상의 순매도가 수일간 계속된다.
> (2) 주간 투자주체별 거래실적
>   외국인의 순매도액이 과거 3년간에서 최고액인 경우
> (3) 월간 투자주체별 거래실적
>   외국인의 순매도액이 과거 3년간에서 최고액인 되는 경우

주가 하락의 도중이라도 자율반발 노림이나 적당한 가격이라는 느낌에서 개인투자자의 매수가 들어와 주가가 다소 회복될 때가 있습니다. 이 과정에서는 개인을 중심으로 한 신용 매수 잔액이 계속하여 늘어나는 경향이 있어 수급이 보다 악화됩니다. 이래서는 외국인의 의도대로입니다.

외국인은 현물주의 매도를 계속하여 결국 주가는 지지선 보다 떨어져 상승 추세가 전환해 버리는 상황에 빠져듭니다. 외국인은 추세에 따라 매매하는 것이 기본이므로 추세 전환이 확인된 후는 외국인의 매도가 더욱 심해집니다.

추세 전환 전후에 외국증권사로부터 일본 주식의 평가액 인하나 보유 비율의 인하 등의 발표가 있어 악재료를 적극적으로 내는 것으로 하락을 가속하는 것도 있을 수 있습니다. 이 시점에서 하락 추세로 전환하였는지 보합 추세로 전환하였는지는 아무도 알 수 없습니다.

이러한, 폭락장세가 출현하면 개인투자자가 모두 무기력해져 매도세가 최고조가 된 때에 외국인은 선물 매도로 환매해 갑니다. 외국인은 현물 주식을 7,000엔대부터 일관되게 순매수 해오고 있으므로, 14,000엔까지 팔아도 이익은 나올 것이 틀림없으며 선물 매도에서도 상당한 이익을 얻게 됩니다.

이때, 우리는 상승 추세가 끝났다고 해서 한탄만 해서는 안 됩니다. 다음의 추세에 대비할 필요가 있습니다. 하락 추세가 되는가, 보합 추세가 되는가를 파악하여 투자 방법을 바꿔 가는 것에 집중해야 합니다.

【그림30】 주가 폭락이 예측 시나리오

(1) 외국인의 매도로 고가에서 크게 하락한다.

투자주체별 거래실적으로 확인된다.

(2) 개인투자자의 반발 매수 또는 적정 주가 판단 매수로 다소 주가가 회복한다.

개인의 신용 매수 잔액이 계속 늘어난다.

(3) 외국인은 다소 주가가 올랐을 때 매도하여 주가가 더 하락한다.

고가에서의 하락폭의 1/3~1/2 회복이 노려지기 쉽다

(4) 상승 추세가 끝난다(전환한다).

단, 하락추세로 전환하였는지, 보합추세로 전환하였는지는 이 시점에서는 알 수 없다.

(5) 추세전환을 신호로 외국인의 매도가 더욱 심해진다.

개인의 마진콜 매도, 금융기관의 단념 매도가 나온다.

(6) 주가 폭락의 마지막 투매(세일링 클라이막스)가 발생한다.

시장은 모두 비관적이 되고, 매도가 매도를 부른다.
외국인은 선물의 매도로 점점 환매한다.

(7) 주가 시세가 바닥을 친다.

많은 수준의 거래량과 매매대금을 동반

이상의 예측 시나리오는 자세한 부분에서는 실제로는 달라질 수도 있지만 대체적으로는 정확한 예측이라고 생각합니다. 개인투자자 여러분도 외국인 투자자의 투자에 대한 사고방식이나 수법을 조금이라도 이해하고 배운다면 주식 운용실적의 향상으로 이어질 것이라고 확신하고 있습니다.

　　주식에서 이기는 방법은 외국인 투자자가 가르쳐 줍니다.

저자 | 나카하라 케이스케

일본에서 주식투자로 3년간 150배 이상의 고수익을 올려 큰 화제가 된 저자
는 1970년생으로 게이오대학을 졸업하고 금융기관에서 금융업무 및 세무 관
련 업무를 하였다. 현재 파이낸셜플래너겸 개인투자자로서 일본 주식뿐만
아니라 외화나 외채의 펀드 운용도 직접하고 있다.

2003년부터 2006년까지 약 3년 반 동안에 주식투자로 투자금의 150배 이상
고수익을 올려 일본 주식투자자들을 깜짝 놀라게 하여, 일본에서 나카하라
케이스케 주식투자 방법을 배우고자 하는 사람들로부터 투자 방법에 대한
문의가 빗발쳐 나카하라 케이스케의 고수익을 실현한 투자 방법을 《시황별
주식투자 방법》 《작전주로 확실히 버는 투자 기술》 등을 저술하여 베스트
셀러가 되었다.

역자 | 코페리더스클럽

코페리더스클럽은 기업·단체·개인 등의 비전과 성공을 지원하는 분야별 전
문가들로 기업경영, 법무·특허, 어학·문화, 금융보험, 세무회계, 인사노무,
주식투자, 선물옵션, 부동산투자 등 컨설팅·강의·번역 등의 업무를 수행하
는 KOFE 코페하우스 전문가 그룹입니다.

고수익을 실현하는 **시황별 주식투자 방법**

발행	2011년 7월 10일 초판 발행
	2024년 4월 20일 2판 발행
저자	나카하라 케이스케
역자	코페리더스클럽
발행인	강석원
발행처	코페하우스〈한국재정경제연구소〉
출판등록	제2-584호(1988.6.1)
주소	서울특별시 강남구 테헤란로 406, A-1303호
연락처	전화 02)562-4355 팩스 02)552-2210
	전자우편 kofe@kofe.kr
홈페이지	www.kofe..kr
ISBN	978-89-93835-87-8 (13320)
값	16,000원